楽器がなくても楽譜は読める！

正しいドレミの歌い方

鳴海史生＋大島俊樹 著

ARTES

contents

はじめに：本書の使用上の注意——かならずお読みください！

- ●誤解されている「ドレミ」……6
- ●楽器を使わない理由……8
- ●本書は、いわゆる「移動ド唱法」の教材です……8
- ●「移動ド唱法」に対するよくある反論……9
- ●音楽実践の場では、もちろん、「固定ド」的な知識も必要です……10

1 正しい「ドレミ感覚」を身につける

1. 「ドレミファソラシド」のメロディを歌おう……14
    練習1…14／練習2…15／練習3…15／練習4…16／練習5…16
2. 音程……16
    練習6…16／練習7…18／練習8…18／練習9…19／練習10…20
3. 広い2度（長2度）と狭い2度（短2度）……20
    練習11…20／練習12…20
4. 音階の復習……21
    練習13…21
5. 3度の音程……23
    練習14…23／練習15…24
6. 広い3度（長3度）と狭い3度（短3度）……24
    練習16…25
7. 4度の音程……26
    練習17…26

8. 完全な4度（完全4度）と広い4度（増4度）……27
9. 5度の音程……28
　　　練習18…28
10. 完全な5度（完全5度）と狭い5度（減5度）……29
11. 6度の音程……30
　　　練習19…30 ／練習20…30 ／練習21…31 ／練習22…31 ／
　　　練習23…32 ／練習24…32
12. 広い6度（長6度）と狭い6度（短6度）……32
　　　練習25…32 ／練習26…34 ／練習27…34
13. 7度の音程……34
　　　練習28…34 ／練習29…35
14. 広い7度（長7度）と狭い7度（短7度）……36
　　　練習30…36
15. 8度の音程……37
　　　練習31…37 ／練習32…38 ／練習33…38 ／練習34…39
16. 音の性格……39
　　　練習35…39 ／練習36…43 ／練習37…43 ／練習38…44 ／
　　　練習39…44 ／練習40…44 ／練習41…45
17. 長調と短調……45
18. 短調の音階……46
　　　練習42…46 ／練習43…47 ／練習44…47 ／練習45…49
19. 短調によるさまざまな音程練習……50
　　　練習46…50 ／練習47…50 ／練習48…51 ／練習49…51 ／
　　　練習50…52 ／練習51…52 ／練習52…53
20. 和声的短音階と旋律的短音階……54
　　　練習53…54 ／練習54…54 ／練習55…56 ／練習56…56 ／
　　　練習57…57 ／練習58…57 ／練習59…58 ／練習60…59
21. 臨時変化音について……61
　　　練習61…61 ／練習62…62

2 楽典

「楽譜」の一種としての五線譜……66

五線譜のしくみ……68

音名と音部記号……69

オクターヴの位置に対応した音名……71

音部記号の位置は変わりうる……72

   練習1…72

階名の必要性……73

臨時記号♭♮♯……75

多彩な旋法から「長音階」「短音階」へ……79

   練習2…79

調号……83

調の拡張……84

五度圏……85

調号をおぼえるための「魔法の呪文」集……87

   練習3…89

ラ旋法のヴァリエーション　1) 和声的短音階……94

   練習4…95

ラ旋法のヴァリエーション　2) 旋律的短音階……98

   練習5…99

音程のしくみ　1) 全音階固有音どうしの2音（階名をつけられる2音）の音程……101

音程のしくみ　2) 全音階固有音どうしでない2音（階名をつけられない2音）の音程……108

   練習6…112

音符……113

   練習7…113／練習8…113／練習9…114／練習10…114／

   練習11…115

基本的な音符の名称……115

付点音符……116
　　　　練習12…116
連桁……117
連符……117
　　　　練習13…118
休符……118
　　　　練習14…119
拍子とリズム……120
練習1の答え……124
練習6の答え……124
付録：すべての長音階、自然的短音階、和声的短音階、旋律的短音階……125

3 歌唱課題集

1.－1　同度〜3度の音程を用いた課題（長調）……143
1.－2　同度〜3度の音程を用いた課題（短調）……149
2.－1　同度〜5度の音程を用いた課題（長調）……155
2.－2　同度〜5度の音程を用いた課題（短調）……159
3.－1　同度〜8度（オクターヴ）の音程を用いた課題（長調）……164
3.－2　同度〜8度（オクターヴ）の音程を用いた課題（短調）……167
4.－1　臨時変化音を用いた課題（長調）……169
4.－2　臨時変化音を用いた課題（短調）……173

あとがき……177

はじめに：
本書の使用上の注意
──かならずお読みください！

本書をご使用のさいには、絶対に楽器を使わないでください。

　なぜ、いきなり「楽器を使うな」、なんていうのか？　それは、正しい「ドレミ」の感覚と歌い方を身につけていただきたいからです。

　えっ、楽器を使うと「ドレミ」の感覚は身につかないの？　むしろ、使ったほうが正確な「ドレミ」をおぼえられるのでは？

　そういう声がきこえてくるのは、わたしたちもよくわかっています。

● **誤解されている「ドレミ」**

　「ドレミ」は一般に、たとえばピアノの「CDE」のキーとか、ト音記号で記された五線譜の「下第1線、下第1間、第1線の音符」として捉えられ、Cに♯がつくと「ド・シャープ」、Eに♭がつくと「ミ・フラット」のようによばれています。

ド？？　　　　　　ド・シャープ？？　　　　　ミ・フラット？？

つまり、音楽を学ぶ人、音楽にたずさわる人の多くが、ある特定の高さの音が「ド」であり、「レ」であり、「ミ」である、というふうに認識しているわけですね。

しかし、本来の「ドレミ」は、特定の高さの音を表すもの＝「音名」ではありません。別の言い方をすると、「音楽の脈絡の中でひとつひとつの音が占める位置」、あるいは「ヨーロッパ音楽における伝統的な音高システムの中で個々の音が果たす役割」を示すのが、もともとの「ドレミ」です。

……むずかしいでしょうか？

わかりやすい説明を試みてみましょう。

あなたが独身女性の「C」さんだとします。

あなたは父Aさんと母Bさんの「子」です。そして将来、結婚すれば、夫Dさんの「妻」、子どもが生まれればEちゃんの「母」になります。つまり、あなた「C」さんは、家族というひとつのシステムの中で「子」であったり「妻」であったり、「母」であったりするのです。

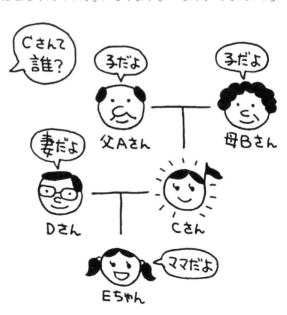

同じように、「C」という音も、音楽の中で果たす役割に応じて「ド」になったり「レ」になったり「ミ」になったりする——それが、そもそもの「ドレミ」なのです。

●楽器を使わない理由

「本書をご使用のさいには、絶対に楽器を使わないでください」という理由もここにあります。

すなわち、現在の日本の音楽教育——たとえばピアノ教育——においては、音名Cは「ド」、Dは「レ」、Eは「ミ」……といったように、「音楽の中で果たす役割」をまったく意に介さない音のよび方が用いられ、生徒はそれらと個々のキー（鍵）を対応させて学習するのがあたりまえになってしまっているからです。

しかし、そのやり方をされてしまうと、本書を手にとっていただく意味がなくなってしまうのです。

同様に、通常の音楽教育では、五線譜に記された音符の読み方も、C＝ド、D＝レ、E＝ミ……のように教えられているのが現状です。したがって、「ドレミ感覚」をしっかりと身につけていただきたい本書第1部では、五線譜も使いません。

●本書は、いわゆる「移動ド唱法」の教材です

音楽にあるていど詳しい方は、「あっ、この本、アレよね、『移動ド唱法』ってやつよね」、とお気づきでしょう。

「移動ド唱法」——正しくは「階名唱法」——とよばれるのは、文字どおり、音楽の中で果たす役割に応じて「ドレミ」を移動させながら歌うやり方。

これに対し、Cを断固「ド」、Dを「レ」、Eを「ミ」と固定しつつ歌っていくやり方が、「固定ド唱法」とよばれるものです。——要するに、現代日本の音楽教育の場（学校でも、音楽教室でも、音楽大学でも）で、多くの人が（たいへん残念なことに）いささかの疑問も抱くことなく、日々実践しているのが「固定ド唱法」です。

換言するなら、「移動ド唱法」は

少数派。にもかかわらず、どうして、移動ド唱法の教材を作ろうとしたのか？——それは、「移動ド唱法」とその感覚こそが、わたしたちが日々楽しんでいる音楽（クラシック音楽やポピュラー音楽）の本質的な部分を理解するうえで不可欠なものである、と著者二人が確信しているからです。

● 「移動ド唱法」に対するよくある反論

こう述べると、かならず出てくる反論のひとつが、「移動ド唱法は調性音楽（通常、「〜長調」「〜短調」とよばれる音楽）を扱うにはいいだろうが、無調（調をもたない）音楽ではまるで役に立たない」、というもの。

しかし、歴史的に見ると「ドレミ」はあくまで、調性音楽を実践するためにわざわざ考案された、音高システム内の名称（音名ではなく階名）です。そして、歴史の流れの中で、調性音楽のシステムを破壊するかたちで形成されたのが無調音楽。両者のシステムは別物なのですから、調性音楽に立脚する「ドレミ」を同じ土俵に上げて「役に立たない」と断じるのは、ナンセンスというものではないでしょうか？

また、「移動ド唱法は絶対音感が育たないからダメ」といった意見もよく耳にします。

「絶対音感」というのはつまり、ある音をきいた瞬間、条件反射的にその音高をいいあてられる能力、

絶対音感

ということになるのでしょう。これは多くの場合、乳幼児の頃から恵まれた音楽環境に置かれないと育たない能力ですから、結果的に、すぐれた音楽家の中には絶対音感をもつ人が少なからずいます。とはいえ、「絶対音感をもつこと」が、その人の音楽的才能を保証するものではけっしてありません。

　絶対音感の拠り所となるのは、いわゆる標準ピッチ、$a1=440Hz$（最近では$442Hz$も）で、平均律に調律されたピアノです。ところが、$a1=440$（ないし442）Hzというのは、「国際化」の名のもとでご都合主義的に（国や地域ごとに基準のピッチが違うと、なにかと具合がわるいから）決められているにすぎず、音楽の本質とはほとんど無関係です。現在でも、「古楽」とよばれる分野では、楽器やレパートリーによって、さまざまに異なるピッチが採用されるのがふつうです。さらに、平均律という調律法はきわめて利便性が高いとはいえ、お世辞にも「理想的な美しい響き」をもたらしてくれる、とはいえません。――音楽の本質とは関係のないピッチ、あまり美しくない響きにもとづく「絶対音感」は、一般に思われているほど、ありがたいものではないのです。

●音楽実践の場では、もちろん、「固定ド」的な知識も必要です

　あらぬ誤解を受けると困るので、ここで断っておきます――著者二人は独断的な「移動ド唱法推進者」ではありません！　音楽実践の場では、「固定ド」的な知識も必要だ、ということは百も承知です。たとえばピアノを弾くときには、楽曲における個々の音高と打鍵すべきキーをつねに対応させないといけません。そのとき

にはやはり、「固定ド」的な知識の助けをかります。

　ただし、音楽は「間違えずに、譜面どおりに弾ければ、それでいい」というものではありませんよね。

　音楽を、「音によるドラマ」だ、と仮定してみましょう。だとすれば、楽譜はさしずめ「台本」。「固定ド」読みは、台本（楽譜）の字面（じづら）だけを追い、棒読みするようなもの。台本（楽譜）に記されたひとつひとつのことば（音符）の意味と、こまかいニュアンスまでくみ取れるようになるためには、「正しいドレミ唱法」ないし「移動ド唱法」の能力が必要です。どちらの読み方をする人がよい役者＝よい演奏者であるかは、いうまでもありません。

　というわけで、「移動ド唱法」がきちんとできたうえで、確信犯的に「固定ド」的な読み方をするのは、かまわないと思います。しかし、いくら「固定ド」的な読み方で譜読みの訓練を重ねたところで、「正しいドレミ」の感覚は身につかないのです。

　とりあえずここで提案しておくと、「音名読みであればハニホ（ＣＤＥよりいいやすいですから）」、「階名唱法であればドレミ」とことばを使い分ければ、うまくいくでしょう。要は、音名・階名の両方に「ドレミ」を使うから混乱するわけで、そもそも両者を区別する習慣をつければよいだけの話です。なので、これからを生きるみなさんは自分でよく考え、今までの人のやり方とは別に、自分が一生使うのにほんとうによいと思える唱法を選んでほしいと思います。ヒフミ唱法？　アカサタナ唱法？　アイウエオ唱法？……いろいろ試すとよいかもしれません（笑）。

　本書は、音楽を愛するすべての人に向けて書かれています。

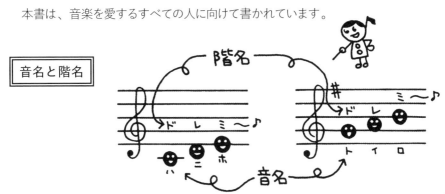

音名と階名

先に述べたように、第1部では「ドレミ感覚」をしっかりと身につけるための、やさしい歌唱課題が中心です。やはり先述のごとく、あえて五線譜は使いません。

　第2部では、いわゆる楽典の基礎を扱います。「楽典」というと、「無味乾燥な決まり事をおぼえるもの」というのが一般的なイメージだと思いますが、「ドレミ感覚」にもとづいて学習するなら、その学習も俄然、楽しくなるでしょう。

　第3部は、五線譜をスラスラ歌うための課題集です。

　第3部の課題集は、大島が作曲したものです。

　第1部と第2部は特に分担は決めず、お互いの下書きに手を加えて何度もディスカッションを重ねつつ、文字どおり二人三脚で書き上げました。

　そのさい、まったくの初心者にも使っていただけるよう、平易な内容とことばづかいとするよう心がけました。本書を活用していただくさいには、「移動ド唱法」に理解のある先生がそばにおられることが理想的ですが、独習も可能です。

　本書は、あるていど音楽の学習が進んだ人にも、大いに役立つことと思います。また、絶対音感をもちつつも、「固定ド」になにがしかの疑問を抱く、という方にもお使いいただければ幸いです。

　なお、執筆にさいし、いつも著者二人のかたわらにあったのは、日本における「移動ド唱法」理論の泰斗、東川清一先生のご著書でした。一般向けソルフェージュ教材という本書の性格上、あえて参考文献は掲げませんが、わたしたちが参照した文献のほとんどが、東川先生の書かれたものです。

鳴海　史生
大島　俊樹

1

正しい
「ドレミ感覚」
を身につける

1.「ドレミファソラシド」のメロディを歌おう

練習1　まず、軽〜く鼻歌で、「ドー　レー　ミー　ファー　ソー　ラー　シー　ド〜」のメロディを歌ってみましょう。

「はじめに」で述べたように、**楽器は使わないでください！**

もし、どうしてもなにかに頼りたければ、楽器に触りたい気持ちをグッとおさえつつ、童謡『かえるのうた』の最初のフレーズなんかを思い出してみましょう。そう、「かーえーるーのーうーたーが〜」ってやつですね。「かーえーるーのー」のメロディが、「ドー　レー　ミー　ファー」。

この「ド（か）ー　レ（え）ー　ミ（る）ー　ファ（の）ー」が鼻歌で歌えたら、その勢いで（笑）「ソー　ラー　シー　ド〜」を加えちゃいましょう！

あるいは、ちょっとシブイところで、チャイコフスキーの『弦楽セレナーデ』という曲の第1楽章をきいてみるといいかもしれません。演奏開始後、だいたい20秒あたりで、ばっちり「ドレミファソラシド〜」というメロディがきこえてきますから。

練習2 では、こんどは（やはり楽器を使わず）自分なりの声の高さで、「ドレミファソラシド」のことばをつけて歌ってください。「ピアノのどの鍵盤の音なのか？」なんて、気にすることはまったくありません！ いま大事なことは、自分なりの声の高さで、無理なく「ドレミファソラシド」のメロディが歌えるようになることなので。

もしも歌いはじめたときの「ド」が低すぎたら、少し（適当でいいです）高く、逆に「ラシド」あたりが高すぎてうまく声が出ないようだったら、歌いはじめの「ド」を少し（やはり適当に）低くしてみてください。

練習3 「練習2」がうまくできたら、もういちどじっくり味わうように、1音あたり1秒くらいの（これも適当でいいです）速さで歌いましょう。

「ドー　レー　ミー　ファー　ソー　ラー　シー　ド〜」

――はい、たいへんよくできました！

ここでひとつお願いがあります。

「シ」を、ここから先では「ティ」に替えてほしいのです。

あとで「ソの高さが変化した音」としての「シ」（今まで説明してきた「シ」とは別物！）が登場するさいに、それとダブって混乱してしまうから、というのがさしあたっての理由です。はじめのうちはとまどうかもしれませんが、すぐに慣れるでしょう。

<u>練習4</u>　それでは「シ」を「ティ」に替えてもういちど歌ってください。

「ドー　レー　ミー　ファー　ソー　ラー　**ティー**　ド〜」
——ありがとうございました！

また、最初の（低い）ドと、ティのあとの（高い）ドを区別するために、ティのあとのドは「**ド'**」と表記します。

つまり、
　　ド　レ　ミ　ファ　ソ　ラ　ティ〔シ〕ド'
です。

それでは念のためにもういちど、「ド　レ　ミ　ファ　ソ　ラ　ティ　**ド'〜**」のメロディを歌っておきましょう。

<u>練習5</u>　そしてこんどは、高いド'から低いドへ。

　ド'　ティ〔シ〕ラ　ソ　ファ　ミ　レ　ド〜

2.　音程

さて、ある音とある音との高さのへだたりを「音程」といいます。

「ド　レ　ミ　ファ　ソ　ラ　ティ　ド'」で少し学習してみましょう。

しくみはいたって簡単です。ただ単純に指折り数えればいいのです。

<u>練習6</u>　ドからの音程を、歌いながら指折り数えましょう。〔　〕の中の音は声にださずに、心の中だけで歌ってください。むずかしいようでしたら、そ〜っと歌ってもいいですよ。

ドーレの音程：「ド1－レ2」=「2度」

ドーミの音程：「ド1－〔レ(2)〕－ミ3」=「3度」

ドーファの音程：「ド1－〔レ(2)－ミ(3)〕－ファ4」=「4度」

ドーソの音程：「ド1－〔レ(2)－ミ(3)－ファ(4)〕－ソ5」=「5度」

ドーラの音程：「ド1－〔レ(2)－ミ(3)－ファ(4)－ソ(5)〕－ラ6」=「6度」

ドーティの音程：「ド1－〔レ(2)－ミ(3)－ファ(4)－ソ(5)－ラ(6)〕－ティ7」=「7度」

ドード'の音程：「ド1－〔レ(2)－ミ(3)－ファ(4)－ソ(5)－ラ(6)－ティ(7)〕－ド'8」=「8度」

　ドード'の音程「8度」は「オクターヴ octave」ともいいます。英語で「オクト octo-」のつくことばといえば……そう、「たこ焼き」の「たこ」が「オクトパス octopus」ですね。たこの足は8本。「オクト octo-」は「8」の意味なのです。

　ともあれ、ドード'の8度を、「基本のオクターヴ」とよぶことにします。

　そしてもうひとつ。オクターヴ内に順に並んだ音を「**音階**」といいます。先ほどまで「ドレミファソラティ〔シ〕ド'」を「メロディ」とよんでいましたが、これは「音階」でもあるのです。

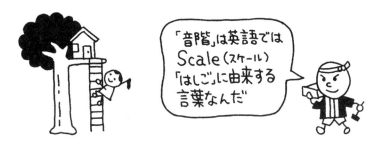

__練習7__　では、ド〜ド'の基本のオクターヴ内で「2度」の音程を歌ってみましょう。

　前節と同じく、**楽器は使わないでください！**　そして、「ピアノのどの鍵盤の音なのか」なんてことも、まったく気にしないで！！

　途中で「高すぎて声が出ないよ〜」となったら、最初のドを（適当に）低く取り直し、全部が無理なく歌えるように。

　音と音との「へだたり感」を味わいながら、それぞれ数回くりかえす。もし、途中でうまくいかなくなったら、「練習4」をおさらいしてください。

　　ド−レ−ド−レ−ド−レ−ド−レ−ド…
　　レ−ミ−レ−ミ−レ−ミ−レ…
　　ミ−ファ−ミ−ファ−ミ−ファ−ミ…
　　ファ−ソ−ファ−ソ−ファ−ソ−ファ…
　　ソ−ラ−ソ−ラ−ソ−ラ−ソ…
　　ラ−ティ−ラ−ティ−ラ−ティ−ラ…
　　ティ−ド'−ティ−ド'−ティ−ド'−ティ…

　ところで、最後のティ−ド'−ティまでできて、そこで終わってしまうと、なんかもの足りない気がしませんか？　……もの足りないですよね！

　満足感を得るために、ティ−ド'−ティのあと、その続きとして「ド'−レ'−ド'」を加えてみましょう。これは最初の「ド−レ−ド」よりオクターヴ高いものになります。

__練習8__　ド−レ−ド　レ−ミ−レ　ミ−ファ−ミ…と1回ずつ歌います。最後のド'−レ'−ド'の「終わった感じ」をよく味わいましょう。

　　ド−レ−ド
　　レ−ミ−レ

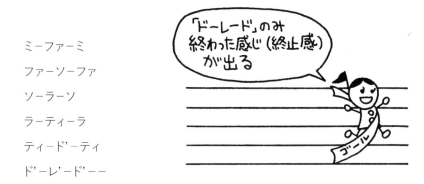

ミーファーミ
ファーソーファ
ソーラーソ
ラーティーラ
ティード'ーティ
ド'ーレ'ード'ーー

ほらね、これで「きっちり終わった感じ」がするでしょ？　こういう感じを「**終止感**」といいます。

このように、「ドレミ…」を歌う練習では1オクターヴを超えるケースもよくあるので、オクターヴ2つぶんのドレミ…を用意しておきましょう。

ド'より上の音にはアポストロフィ「'」を、ドより下の音にはコンマ「,」をつけて略記します。

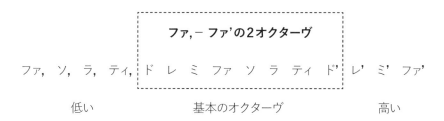

練習9　これまでのおさらいとして、まず基本のオクターヴを歌ってください。

　次にもういちどドに戻って基本のオクターヴを歌い、そのまま、高いレ' ミ' ファ'と続けてください。どうしても声に出して歌うのがキツイようでしたら、最初のドを思いきり低く取りましょう。それでも歌いにくければ、無理に声を出す必要はありません。ただし、ド' レ' ミ' ファ'を歌うイメージは明確にもってほしいです。

練習10　こんどは逆のことです。はじめに「練習5」をおさらいしてください。
　そしてドにたどり着いたらそのまま、低いティ，ラ，ソ，ファ，と続けてください。これも、歌いにくければ、無理に歌わなくてけっこうです。そのかわり、ド　ティ，ラ，ソ，ファ，を歌うイメージだけは、はっきりともちましょう。

3.　広い2度（長2度）と狭い2度（短2度）

練習11　では、練習続行です。ド　レ　ミ　ファを心の中で、ソ　ラ　ティ　ド'を声に出して歌います。そのさい、ティ－ド'に意識を向けてください。

〔ド　レ　ミ　ファ〕ソ　ラ　**ティ　ド'－－**
　心の中で歌う　　　声に出して歌う

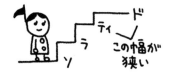

　ソーラおよびラーティの2度と、ティード'の2度では、同じ「2度」でも「へだたり感」が違うことがわかりますか？　ソーラとラーティは歩幅が広く、ティード'のティはド'をグッと引き寄せる感じで狭い……。そのへだたり感の違いがよくわかるまで、がんばって反復練習しましょう。
　いかがでしょう？　ソーラおよびラーティの2度は**広い**、ティード'の2度は**狭い**、ということが実感できるでしょうか？

練習12　こんどは、ミーファに意識を向けて、ド　レ　ミ　ファを声に出して歌います。

　ド　レ　ミ　ファ－－

「練習11」で2度の「広さ・狭さ」が実感できていれば、ド−レおよびレ−ミと、ミ−ファの広さ・狭さもわかるでしょう。……そう、ド−レおよびレ−ミの2度は広く、ミ−ファの2度は狭いのです。

以上のような場合の「**広い2度**」を、「**長（ちょう）2度**」または「**全音（ぜんおん）**」といいます。

そして、「**狭い2度**」のほうは、「**短2度**」または「**半音（はんおん）**」といいます。

したがって、ド−レ−ミ−ファ−ソ−ラ−ティ−ド' は、次のような音程関係になっています。

```
ド  −  レ  −  ミ  −  ファ  −  ソ  −  ラ  −  ティ  −  ド'
   長2度   長2度   短2度    長2度   長2度   長2度   短2度
または、全音    全音    半音     全音    全音    全音    半音
```

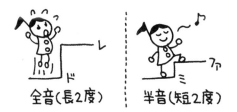

4. 音階の復習

練習13 では、長2度（全音）と短2度（半音）の違いがわかったところで、こんどは折り返し地点をさまざまに変えて、音階を上がったり下がったりしてみましょう。つねにミ−ファとティ−ド'のあいだだけが半音で、ほかが全音になりますが、慣れればそんなことわざわざ考えなくても、しっかり歌えるようになります。いずれも最後はかならずドまたはド'で終わるので、その瞬間に「終止感」を感じてみてください。

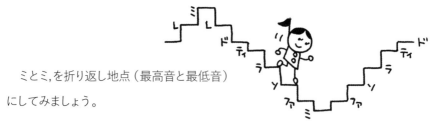

　ミとミ,を折り返し地点（最高音と最低音）にしてみましょう。

① ドーレーミーレードーティ,ーラ,ーソ,ーファ,ーミ,ーファ,ーソ,ーラ,ーティ,ード
（終止感！）

② ドーティ,ーラ,ーソ,ーファ,ーミ,ーファ,ーソ,ーラ,ーティ,ードーレーミーレード
（終止感！）

　ソとソ,を折り返し地点に。

① ドーレーミーファーソーファーミーレードーティ,ーラ,ーソ,ーラ,ーティ,ード
（終止感！　以下同様）

② ドーティ,ーラ,ーソ,ーラ,ーティ,ードーレーミーファーソーファーミーレード

　ド'あるいはドを折り返し地点に。

① ドーレーミーファーソーラーティード'ーティーラーソーファーミーレード

② ド'ーティーラーソーファーミーレードーレーミーファーソーラーティード'

　いろいろな折り返し地点で、上がったり下がったり。

① ドーレーミーファーミーレードーティ,ーラ,ーソ,ーラ,ーティ,ード

② ドーレードーティ,ーラ,ーソ,ーファ,ーミ,ーファ,ーソ,ーラ,ーティ,ードーレード

③ ドーティ,ードーレーミーファーソーラーソーファーミーレードーティ,ード

④ ドーレーミーレードーティ,ーラ,ーティ,
　ードーレーミーファーミーレード

⑤ ドーレーミーファーソーファーミーレード
　ーレーミーレードーティ,ードーレード

5. 3度の音程

練習14 3度の音程を歌う練習です。

まず、ドーレーミ〜を、はっきり声に出して歌います。

次に、ドとミをはっきりと、レは心の中だけで歌います。

ドー（レ）ーミ〜

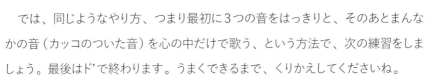

できましたか？

では、同じようなやり方、つまり最初に3つの音をはっきりと、そのあとまんなかの音（カッコのついた音）を心の中だけで歌う、という方法で、次の練習をしましょう。最後はド'で終わります。うまくできるまで、くりかえしてくださいね。

ドーレーミー	⇒	ドー（レ）ーミーー
レーミーファー		レー（ミ）ーファーー
ミーファーソー		ミー（ファ）ーソーー
ファーソーラー		ファー（ソ）ーラーー
ソーラーティー		ソー（ラ）ーティーー
ラーティード'ー		ラー（ティ）ード'ーー
ティード'ーレ'ー		ティー（ド'）ーレ'ーー
ド'ーレ'ーミ'ー		ド'ー（レ'）ーミ'ーード'ーー （終止感！）

練習15　「練習14」の発展型です。3度音程の「へだたり感」をよく味わいながら歌いましょう。

ドーミードーミードーミードー　　レーファーレーファーレーファーレー

ミーソーミーソーミーソーミー　　ファーラーファーラーファーラーファー

ソーティーソーティーソーティーソー

ラード'ー ラード'ー ラード'ー ラー

ティーレ'ー ティーレ'ーティーレ'ー ティー

ド'ーミ'ード'ーミ'ード'ーミ'ード'（終止感！）

「ド」で終わるとやっぱり終止感があるね！

6.　広い3度（長3度）と狭い3度（短3度）

3度の「へだたり感」が十分に味わえたでしょうか？

味わえたなら、ドーミとレーファでは、同じ3度でも「へだたり感」が違うのがわかると思います。

ドーミは広く、レーファは狭いのです。

「そんなこといわれても……う～ん、よくわかんない！」という方は、「練習15」をくりかえしましょう。

3度音程の広い・狭いを、少し理論的に説明します。

第3節で見たように、ドーレーミーファーソーラーティード'　は、次のような音程関係になっています。

　　ド　ー　レ　ー　ミ　ー　ファ　ー　ソ　ー　ラ　ー　ティ　ー　ド'
　　　長2度　長2度　短2度　　長2度　長2度　長2度　短2度
または、　全音　　全音　　半音　　　全音　　全音　　全音　　半音

ということは、それぞれの3度音程は、

ドーミ ＝長2度（全音）＋長2度（全音）　**広い3度**
レーファ＝長2度（全音）＋短2度（半音）　**狭い3度**
ミーソ ＝短2度（半音）＋長2度（全音）　**狭い3度**
ファーラ＝長2度（全音）＋長2度（全音）　**広い3度**
ソーティ＝長2度（全音）＋長2度（全音）　**広い3度**
ティーレ'＝短2度（半音）＋長2度（全音）　**狭い3度**

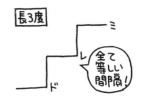
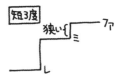

といった具合になるわけです。

そして、この場合の「**広い3度**」を「**長3度**」、「**狭い3度**」のほうは、「**短3度**」といいます。では、これを意識しながら、「練習15」をくりかえしましょう。

練習16　ここまでの成果として、「練習1」で触れた童謡『かえるのうた』を全部、「ドレミ」で歌ってみましょう。フレーズごとに段を変えて記します。

ド　レ　ミ　ファ　ミ　レ　ド～　　　ミ　ファ　ソ　ラ　ソ　ファ　ミ～
ド　　　ド　　　ド　　　ド
ドドレレ　ミミファファ　ミ　　レ　ド～

そしてもう1曲、童謡『チューリップ』（さ～い～た～　さ～い～た～）にチャレンジしてみましょう。

ド　レ　ミ～　　ド　レ　ミ～　　　ソ　ミ　レ　ド　レ　ミ　レ～
ド　レ　ミ～　　ド　レ　ミ～　　　ソ　ミ　レ　ド　レ　ミ　ド～
ソ　ソ　ミ　ソ　ラ　ラ　ソ～
ミ　ミ　レ　ド～～

7. 4度の音程

練習17 4度の音程を歌う練習です。要領は「練習14」と一緒。4度音程の「へだたり感」を、よく味わいながら実施してください。

まず、ドーレーミーファをはっきりと、次に（レーミ）を心の中だけで歌います。

そしてこんどは、ファードと下がりましょう。

それでは、最初に4つの音をはっきりと、そのあとまんなかの2音（カッコのついた2つの音）を心の中だけで歌う、しめくくりに、最後の音から最初の音に戻る（4度下がる）というやり方で、次の練習をしましょう。うまくできるまで、根気強くくりかえしてください。

なお、最後はかなり高い音になるので、歌い出しのドは、なるべく低くとったほうがいいと思います。

ドーレーミーファ〜　⇒　ド−（レーミ）−ファ〜　⇒　ファ〜ード〜

レーミーファーソ〜　　　レ−（ミーファ）−ソ〜　　　ソ〜ーレ〜

ミーファーソーラ〜　　　ミ−（ファーソ）−ラ〜　　　ラ〜ーミ〜

ファーソーラーティ〜　　ファ−（ソーラ）−ティ〜　　ティ〜ーファ〜

ソーラーティード'〜　　 ソ−（ラーティ）−ド'〜　　 ド'〜ーソ〜

ラーティード'ーレ'〜　　ラ−（ティード'）−レ'〜　　レ'〜ーラ〜

ティード'ーレ'ーミ'〜　 ティ−（ド'ーレ'）−ミ'〜　 ミ'〜ーティ〜

ド'ーレ'ーミ'ーファ'〜　ド'−（レ'ーミ'）−ファ'〜　ファ'〜〜ド'〜　（終止感！）

8. 完全な4度（完全4度）と広い4度（増4度）

4度の「へだたり感」が十分に味わえたでしょうか？

味わえたとすれば、「ファ—ティの4度だけ、ほかと違うような……なんだか歌いにくいし……」と思われたのでは？　そう、そこだけ「へだたり」が違うのです。

ド～ファ'の音程関係を確認しましょう。

　　　　　ド － レ － ミ － ファ － ソ － ラ － ティ － ド' － レ' － ミ' － ファ'
　　　　長2度 長2度 短2度　長2度 長2度 長2度　短2度 長2度 長2度 短2度
または、　全音　全音　半音　　全音　全音　全音　　半音　全音　全音　半音

ということは、それぞれの4度音程は、

ド—ファ＝長2度（全音）＋長2度（全音）＋短2度（半音）＝2全音と1半音
レ—ソ＝長2度（全音）＋短2度（半音）＋長2度（全音）＝2全音と1半音
ミ—ラ＝短2度（半音）＋長2度（全音）＋長2度（全音）＝2全音と1半音
ファ—ティ＝長2度（全音）＋長2度（全音）＋長2度（全音）＝**3全音（!）**
ソ—ド'＝長2度（全音）＋長2度（全音）＋短2度（半音）＝2全音と1半音

といったように、ファ—ティの4度だけが、**半音1つぶん広い**のです。

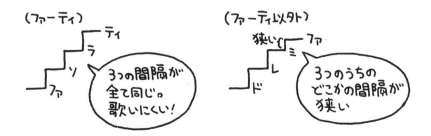

話がちょっとむずかしくなってしまいますが、4度・5度・8度は「**完全系の音程**」といって、「長」「短」をつけてはよびません。ここではとりあえず、「**4度・5度・8度は『完全』とよぶのが基本**」とおぼえてください。

　そして、ファーティのように、完全4度（2全音と1半音からなる）より半音1つぶん広い（3つの全音からなる）音程を、「**増（ぞう）4度**」といいます。

9.　5度の音程

練習18　こんどは5度の音程を歌う練習です。やはり、「へだたり感」をよく味わいながら実施してください。

　まず、ドーレーミーファーソをはっきりと、次に途中の（レーミーファ）は心の中だけで歌いましょう。さらに、ソード（5度下がる）を加える、という要領です。

　4度の場合と同じく、というか、4度にもまして最後はかなり高い音になるので、歌い出しのドは、なるべく低くとってください。最後はド'でしめくくります。

ドーレーミーファーソ〜　⇒	ドー（レーミーファ）ーソ〜　⇒	ソード〜
レーミーファーソーラ〜	レー（ミーファーソ）ーラ〜	ラーレ〜
ミーファーソーラーティ〜	ミー（ファーソーラ）ーティ〜	ティーミ〜
ファーソーラーティード'〜	ファー（ソーラーティ）ード'〜	ド'ーファ〜
ソーラーティード'ーレ'〜	ソー（ラーティード'）ーレ'〜	レ'ーソ〜
ラーティード'ーレ'ーミ'〜	ラー（ティード'ーレ'）ーミ'〜	ミ'ーラ〜
ティード'ーレ'ーミ'ーファ'〜	ティー（ド'ーレ'ーミ'）ーファ'〜	ファ'ーティ〜〜ド'〜

10. 完全な5度（完全5度）と狭い5度（減5度）

5度の「へだたり感」がよく味わえましたか？

4度と同じように、1ヵ所……そう、ティーファ'が歌いにくいですよね。やはりそこだけが、ほかと違う「へだたり」になっているからです。

ここでは、4度音程に足し算するかたちで見てみましょう。

ド−ソ＝完全4度＋全音
レ−ラ＝完全4度＋全音
ミ−ティ＝完全4度＋全音
ファ−ド'＝全音＋完全4度＊
ソ−レ'＝完全4度＋全音
ラ−ミ'＝完全4度＋全音
ティ−ファ'＝完全4度＋半音

といったように、ティーファ'の4度だけが、**半音1つぶん狭いのです。**

＊ここまで見てきたところでは、ファ−ド'は「増4度＋半音」ですが、増を「＋」、半を「−」とすれば、プラスマイナスゼロ。つまり「完全4度＋全音」と同じになります。またソ−ドの完全4度＋ファ−ソの全音からなる、と見るならば、「全音＋完全4度」です。いずれにせよ、歌いにくさは感じないですよね。

先に見たように、5度は「**完全系の音程**」で、「長」「短」をつけてはよびません。「**完全**」とよぶのが基本となります。

そして、ティーファ'のように、完全5度（完全4度＋全音）より半音1つぶん狭い音程を、「**減（げん）5度**」といいます。

11. 6度の音程

練習19 では、この調子でへだたりを広げていきましょう。こんどは6度です。まずは、いつものように音階の各音から、6度を歌ってみましょう。ただし、今までのように音階順にすべての音から歌っていくと、音域が広くなりすぎます。そこで、全体を2回に分けて練習しましょう。

まずはド、レ、ミ、ファ、ソから始まる6度、次にソ、ラ、ティ、ド'から始まる6度というように、分けてみます。では、最初はドから。ドは思いっきり低くとってください。最後はオクターヴ上のド'でしめくくります。

ドーレーミーファーソーラ〜　⇒　ドー（レーミーファーソ）ーラ〜　⇒　ラード〜
レーミーファーソーラーティ〜　　レー（ミーファーソーラ）ーティ〜　　ティーレ〜
ミーファーソーラーティード'〜　　ミー（ファーソーラーティ）ード'〜　　ド'ーミ〜
ファーソーラーティード'ーレ'〜　　ファー（ソーラーティード'）ーレ'〜　　レ'ーファ〜
ソーラーティード'ーレ'ーミ'〜　　ソー（ラーティード'ーレ'）ーミ'〜　　ミ'ーソ〜〜ド'〜〜

練習20 では、次はソ、ラ、ティの各音から始まる6度を歌ってみましょう。最初のソを低いところで取ると、先が歌いやすくなります。まずは「ドーティ,ーラ,ーソ,〜」という、歌の前奏をつけましょう。最後はドでしめくくります。

（前奏）ドーティ,ーラ,ーソ,〜
ソ,ーラ,ーティ,ードーレーミ〜　⇒　ソ,ー（ラ,ーティ,ードーレ）ーミ〜　⇒　ミーソ,〜
ラ,ーティ,ードーレーミーファ〜　　ラ,ー（ティ,ードーレーミ）ーファ〜　　ファーラ,〜
ティ,ードーレーミーファーソ〜　　ティ,ー（ドーレーミーファ）ーソ〜　　ソーティ,〜〜ド〜〜

練習21 練習19の発展形で、5度音程と6度音程の「へだたり感」をくらべるための練習です。最後はド'でしめくくります。

5度	6度	5度
ドーソード〜 ⇒	ドーラード〜 ⇒	ドーソード〜
レーラーレ〜	レーティーレ〜	レーラーレ〜
ミーティーミ〜	ミード'ーミ〜	ミーティーミ〜
ファード'ーファ〜	ファーレ'ーファ〜	ファード'ーファ〜
ソーレ'ーソ〜	ソーミ'ーソ〜	ソーレ'ーソ〜〜ド'〜〜

練習22 次に、練習20の発展形です。こんどはソ、ラ、ティの各音の上で、5度音程と6度音程の「へだたり」をくらべてみましょう。練習20と同じく、「ドーティ,ーラ,ーソ,〜」という歌の前奏をつけましょう。ドの高さは、中くらいより少し低いくらいに戻します。「ティ,ーファーティ,」のは減5度なので注意してください。

（前奏）ドーティ,ーラ,ーソ,〜

5度	6度	5度
ソ,ーレーソ,〜 ⇒	ソ,ーミーソ,〜 ⇒	ソ,ーレーソ,〜
ラ,ーミーラ,〜	ラ,ーファーラ,〜	ラ,ーミーラ,〜
ティ,ーファーティ,〜	ティ,ーソーティ,〜	ティ,ーファーティ,〜〜ド〜〜

練習23 では、慣れてきたところで、6度音程だけを取り出して練習してみましょう。はじめはドからソの音の上で。ドは低めに取りましょう。跳躍が大きくてたいへんだったら、ゆっくりのテンポでもよいですよ。

ド－ラ－ド－ラ－ド～
レ－ティ－レ－ティ－レ～
ミ－ド'－ミ－ド'－ミ～
ファ－レ'－ファ－レ'－ファ～
ソ－ミ'－ソ－ミ'－ソ～～ド'～～

練習24 では最後に、ソからド'の音の上で、6度音程だけの練習です。歌の前奏つき。ドはふたたび、中くらいより少し低いくらいの高さにしてください。

（前奏）ド－ティ,－ラ,－ソ,～
ソ,－ミ－ソ,－ミ－ソ,～
ラ,－ファ－ラ,－ファ－ラ,～
ティ,－ソ－ティ,－ソ－ティ,～
ド－ラ－ド－ラ－ド～

12. 広い6度（長6度）と狭い6度（短6度）

練習25 6度のへだたり感、よく味わえましたか？
　ところで、この6度にも広い6度と狭い6度があります。これについては、5度に足し算をするかたちで、じっさいに歌ってみるとよくわかると思います。まずはドからソの上で。

ド － ソ － ラ ⇒ ド－ラ ⇒ ラ－ド
（完全5度＋長2度 ＝ 長6度）
レ － ラ － ティ　　レ－ティ　　ティ－レ
（完全5度＋長2度 ＝ 長6度）

ミ － ティ － ド'　　ミ－ド'　　ド'－ミ
（完全5度＋短2度 ＝ 短6度）
ファ － ド' － レ'　　ファ－レ'　　レ'－ファ～ド'～
（完全5度＋長2度 ＝ 長6度）

どうでしたか？　最初の完全5度はどれも同じですが、次が長2度（広い2度）になるものと短2度（狭い2度）になるものがありますね。そして、これらのうち、完全5度プラス長2度のへだたりになっているものが**長6度**、つまり広い6度です。他方で、完全5度プラス短2度のへだたりになっているものが**短6度**、つまり狭い6度となります。

次に、ソからティの上でもやってみましょう。歌の前奏つきです。

（前奏）ド－ティ,－ラ,－ソ,～
ソ,－ レ － ミ ⇒ ソ,－ミ ⇒ ミ－ソ,
（完全5度＋長2度 ＝ 長6度）
ラ,－ ミ － ファ　　ラ,－ファ　　ファ－ラ,
（完全5度＋短2度 ＝ 短6度）
ティ,－ ファ － ソ　　ティ,－ソ　　ソ－ティ,～ド～
（**減5度！**＋ 長2度 ＝ 短6度）

最後のティ,－ファ－ソでは、歌い出しのティ,－ファが完全5度よりも半音1つ

狭い減5度になっています。なので、次が長2度になっていますが、全体では長6度ではなく、それよりも半音1つだけ狭い短6度になります。

練習26 では、今までの復習で、クリスマス・ソング『ジングル・ベル』（途中まで）を歌ってみましょう。

ソ－ミ'の長6度と、ラ－ファ'の短6度の違いをよく感じてください。

ソ,ソ,ミレドソ,～　ソ,ソ,ミレドラ,～
ラ,ラ,ファミレティ,～　ソラソファレミ～
ソ,ソ,ミレドソ,～　ソ,ソ,ミレドラ,～
ラ,ラ,ファミレソソソソラソファレド～

練習27 もう1曲、ディズニーで有名な『小さな世界』（途中まで）です。この曲も、6度の音程がところどころに登場します。4フレーズ目のソーファ'は、次に勉強する7度の予習になっています。

ミファソーミ'ードʼーレドʼドʼーティーティー
レミファーレʼーティードʼティラーソーソー
ミファソードʼレʼミʼーレドʼラーレʼミʼファʼー
ミʼレʼソーファʼーミʼーレードʼ～～

13. 7度の音程

練習28 音程をさらに広げてみましょう。次は7度です。慣れないうちは歌いにくいですが、がんばってみてください。

まずは、へだたり具合をしっかり確認するために、音階で歌ってみましょう。こ

れも全体を2回に分けて練習します。最初はド、レ、ミ、ファ、ソの各音から始まる7度です。

　もしかしたら、各フレーズ最後の跳躍後の音（たとえばティ－ドのド）が取りにくい人がいるかもしれません。その場合には、「この音はさっきフレーズの頭で歌った音と同じだ」というように思い出せば、取りやすくなります。また、中間の「頭の中で歌うだけで声には出さない」音が多くてたいへんだったら、ところどころ小さな声で歌ってもかまいません。

　　ド－（レ－ミ－ファ－ソ－ラ）－ティ〜　　⇒　　ティ－ド〜
　　レ－（ミ－ファ－ソ－ラ－ティ）－ド'〜　　　　ド'－レ〜
　　ミ－（ファ－ソ－ラ－ティ－ド'）－レ'〜　　　レ'－ミ〜
　　ファ－（ソ－ラ－ティ－ド'－レ'）－ミ'〜　　　ミ'－ファ〜
　　ソ－（ラ－ティ－ド'－レ'－ミ'）－ファ'〜　　ファ'－ソ〜ド〜

練習29　次は、ソ，ラ，ティ，ドの各音から始まる7度です。ド－ティ,－ラ,－ソ,という歌の前奏つきで。

　　（前奏）ド－ティ,－ラ,－ソ,〜
　　ソ,－（ラ,－ティ,－ド－レ－ミ）－ファ〜　⇒　ファ－ソ,〜
　　ラ,－（ティ,－ド－レ－ミ－ファ）－ソ〜　　　ソ－ラ,〜
　　ティ,－（ド－レ－ミ－ファ－ソ）－ラ〜　　　ラ－ティ,〜
　　ド－（レ－ミ－ファ－ソ－ラ）－ティ〜　　　ティ－ド〜

14. 広い7度（長7度）と狭い7度（短7度）

練習30　さて、7度にも広いへだたりと狭いへだたりがあるのが、わかったでしょうか。このことを理論的に説明すると、以下のようになります。これも、すでに登場した5度と3度を足し算するかたちで、じっさいに歌いながら理解してみましょう。

　以下のうち、完全5度に長3度が足される音程が広い7度で、これを**長7度**とよびます。それにたいして、完全5度に短3度が足される音程が狭い7度で、**短7度**です。最後の「ド－ティ　ティ－ド」や「レ－ド'　ド'－レ」のときにも、その差を感じてみてください。まずはドからソの上で。

ド － ソ － ティ　　　　ド－ティ　⇒　ティ－ド
（完全5度+長3度　＝　長7度）

レ － ラ － ド'　　　　レ－ド'　　　ド'－レ
（完全5度+短3度　＝　短7度）

ミ － ティ － レ'　　　ミ－レ'　　　レ'－ミ
（完全5度+短3度　＝　短7度）

ファ － ド' － ミ'　　　ファ－ミ'　　ミ'－ファ
（完全5度+長3度　＝　長7度）

ソ － レ' － ファ'　　　ソ－ファ'　　ファ'－ソード〜
（完全5度+短3度　＝　短7度）

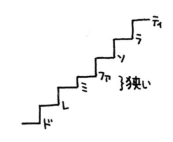

1 正しい「ドレミ感覚」を身につける

次に、ソ,からドの上で。歌の前奏もつけます。

（前奏）ド－ティ,－ラ,－ソ,～

ソ,－レ－ファ　　　　ソ,－ファ　⇒　ファ－ソ,
（完全5度+短3度　=　短7度）

ラ,－ミ－ソ　　　　　ラ,－ソ　　　ソ－ラ,
（完全5度+短3度　=　短7度）

ティ,－ファ－ラ　　　ティ,－ラ　　ラ－ティ,
（減5度+長3度　　=　短7度）

ド－ソ－ティ　　　　ド－ティ　　　ティ－ド
（完全5度+長3度　=　長7度）

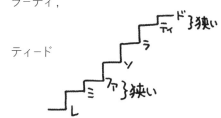

15. 8度の音程

練習31　よくがんばってきましたね。ついに、音程練習では最後の段階に入ります。8度（オクターヴ）の練習です。まずは、音階の各音から8度を歌ってみましょう。最初は、ドからソの各音から始まる8度です。最初のドは、自分の声で出せる最も低いところくらい（もちろん、無理のない範囲で）に、思いっきり低く取ってみましょう。これも、あいだの「声には出さない音」が多すぎてやりづらかったら、ところどころ小さく声に出してもかまいません。

ド－（レ－ミ－ファ－ソ－ラ－ティ）－ド'～　⇒　ド'－ド

レ－（ミ－ファ－ソ－ラ－ティ－ド'）－レ'～　　　レ'－レ

ミ－（ファ－ソ－ラ－ティ－ド'－レ'）－ミ'～　　　ミ'－ミ

ファ－（ソ－ラ－ティ－ド'－レ'－ミ'）－ファ'～　ファ'－ファ

ソ－（ラ－ティ－ド'－レ'－ミ'－ファ'）－ソ'～　　ソ'－ソ　～ド'～

2音のへだたりが今まででいちばん広くなったことがわかりますか?

ところで、このド'-ドやレ'-レの跳躍、今まで歌ったどの音程よりも広いはずなのに、なぜかとても耳に自然で、「取りやすい」気がしませんか? 実はこの8度(オクターヴ)は、物理学的にいえば、もっとも自然な関係になっている音程なのです。

練習32 では、次にソ,からドの各音から8度を歌ってみましょう。歌の前奏もつけて。

(前奏)ド-ティ,-ラ,-ソ,～
ソ,-(ラ,-ティ,-ド-レ-ミ-ファ)-ソ　⇒　ソ-ソ,
ラ,-(ティ,-ド-レ-ミ-ファ-ソ)-ラ　　　ラ-ラ,
ティ,-(ド-レ-ミ-ファ-ソ-ラ)-ティ　　　ティ-ティ,
ド-(レ-ミ-ファ-ソ-ラ-ティ)-ド'～　　　ド'-ド

練習33 では、こんどは、音階を数えずに直接8度を取る練習をしましょう。というより、さっきいったように、この音程はとても耳に自然なので、むしろ直接のほうが取りやすいかもしれません。いろいろな階名の音を行き来しながら歌ってみましょう。まずはド～ミの上で。

ド-ド'-ド-　⇒　レ-レ'-レ-　⇒　ミ-ミ'-ミ-
ミ-ミ'-ミ-　　　レ-レ'-レ-　　　ド-ド'-ド-
ド-ド'-ド-　　　ミ-ミ'-ミ-　　　レ-レ'-レ-
レ-レ'-レ-　　　ミ-ミ'-ミ-　　　ド-ド'-ド～

次にミからソの上で。

（前奏）ド'ーティーラーソーファーミ〜

ミーミ'ーミー	⇒ ファーファ'ーファー	⇒ ソーソ'ーソー
ソーソ'ーソー	ファーファ'ーファー	ミーミ'ーミー
ソーソ'ーソー	ミーミ'ーミー	ファーファ'ーファー
ファーファ'ーファー	ミーミ'ーミー	ソーソ'ーソド'〜

練習34 某テレビ局の時報です。なんと、ドのオクターヴだけでできています。ドを別の階名に変えたとしても、いちおう間違いではありません（笑）。

ド、ド、ド、ド'〜〜

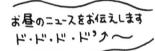

16. 音の性格

さて、これまでの練習では、音のへだたりをひとつひとつ数えながら取っていました。しかし、すべてのメロディが音階のように、順次進行だけで作られているわけではないですよね？　また、広い音程をひとつひとつ数えて取っていたら、時間がかかってしまい、テンポがみだれてしまいます。

そんなときのための裏ワザがあります。それは、**「音の性格」を頼りに、どんな跳躍音程であってもワープして取る**、という方法です。「音の性格」というとむずかしいかもしれませんが、たとえば、ドの音であれば「あっ、終わった感じがするあの音だ！」とか、ティの音であれば「あっ、ドに進みたがる感じがするあの音だ！」というように、まさに音のキャラクターを思い出して取る、という方法です。

練習35 では、このような音の性格を実感するために、『キラキラ星』を、終わりの音をいろいろ変えて歌ってみましょう。

それぞれ、終わりの音（太字の音）は長くのばしてください。そして、これらの音をのばしているときに得られる「感じ」を、よくおぼえてください。それぞれ、どのように感じるでしょうか？　以下の各変奏のあとには、「予想される感想」の一例を挙げています。

　なお、以下の各課題は、『キラキラ星』の最後の1フレーズだけを抜き出したものとなっています。この部分だけを単独で歌ってもよいのですが、その前のメロディもすべて歌って前置きを長くしたほうが、終りの音の性格がはっきりしてきます。そうする場合は、「ド　ド　ソ　ソ　ラ　ラ　ソ〜　　ファ　ファ　ミ　ミ　レ　レ　ド〜　　ソ　ソ　ファ　ファ　ミ　ミ　レ〜　　ソ　ソ　ファ　ファ　ミ　ミ　レ〜」と歌いはじめ、それに続けて以下の各課題を歌うようにしてください。

①まずは、ドで終わるかたちで（要するにふつうの『キラキラ星』です）。

　　ド　ド　ソ　ソ　ラ　ラ　ソ〜
　　ファ　ファ　ミ　ミ　レ　レ　**ド〜**

（しっかり終わった感じ。安定感抜群！）

②次に、レで終わるかたちに直して。

　　ド　ド　ソ　ソ　ラ　ラ　ソ〜
　　ファ　ファ　ミ　ミ　レ　レ　**レ〜**

（うーん、終わった感じがしない。
　次にドを続けたいような…）

③次に、ミで終わるかたちで。

　　ド　ド　ソ　ソ　ラ　ラ　ソ〜
　　ファ　ファ　ミ　ミ　レ　レ　**ミ〜**

（終わった感じはするような、しないような…。
　いずれにしても、ドよりも安定感は少なくて、
　フワッとした感じがする…）

④ファで終わるかたち。

　ド　ド　ソ　ソ　ラ　ラ　ソ〜
　ファ　ファ　ミ　ミ　レ　レ　**ファ〜**

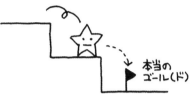

（これも終わった感じがしない。ここで止めるとなにか不自然。次にミが続けば自然かなあ…）

⑤ソで終わるかたち。

　ド　ド　ソ　ソ　ラ　ラ　ソ〜
　ファ　ファ　ミ　ミ　レ　レ　**ソ〜**

（比較的終わった感じはあるけど、ドほどではないかも。少し余韻が残る感じ…）

⑥ラで終わるかたち。

　ド　ド　ソ　ソ　ラ　ラ　ソ〜
　ファ　ファ　ミ　ミ　レ　レ　**ラ〜**

（これもなにか不自然なような…。やっぱりあとになにか続けたい。あえていえば、ソが次に続けば自然かなあ…）

⑦ティで終わるかたち。

　ド　ド　ソ　ソ　ラ　ラ　ソ〜
　ファ　ファ　ミ　ミ　レ　レ　**ティ,〜**

（うーん。終われない。次にドに進まないと、どうしてもスッキリしない…）

　以上の課題で、各音のもつ性格や「感じ」がわかったでしょうか。
　おおざっぱにいえば、ド〜ティの7音は、おおよそ「安定感のある音」と「安定感の少ない音」に分けることができると思います。この言い方がむずかしかったら、「終わった感じが強めの音」と「終わった感じが弱めの音（次に別の音を続けたくなる音）」といいかえてもよいかもしれません。
　そういう意味では、厳密にいえば、ド以外はすべて「安定感の少ない音」になります。しかし、その中でも、「ドほど終止感は強くないが、『そこで終わってもまあ

問題ないかな…』という音」と、「そこでは終われない音」の2つに分けることができると思います。それをまとめたのが、以下となります。

```
①安定感のある音　　そこで終わった感じがする音…ド
②安定感の少ない音　(1)「そこで終わってもまあ問題ないかな…」という音…ソ、ミ
　　　　　　　　　　(2)そこでは終われない音
　　　　　　　　　　　（次に別の音を続けたくなる音）…レ、ファ、ラ、ティ
```

なお、これらのうち②(2)の音が、それぞれ次になんの音に進みたがるのかということについては、おおよその傾向があります。具体的にいえば、レはドに、ファはミに、ラはソに、ティはドにそれぞれ進みたがるといってよいかもしれません。

もちろん、これらはあくまでも「おおざっぱな傾向」です。なので、つねにそうとは限らない、ということにご注意ください。もしそうであれば、音楽はつまらなくなってしまいますよね。

さて、以上をふまえて、各音の性格をまとめてみましょう。これも「おおざっぱな傾向」あるいは一例なので、「絶対にこのようにきくべし！」といっているわけではありません。でも、各音についての自分なりの感じ方を、ときにはことばで整理してみることも大事だと思います。

```
ティ ……安定感（終わる感じ）は少ない。よく次にドに進みたがる。
ラ………安定感は少ない。よく次にソに進みたがる。脈絡により、悲しくきこえること
　　　　もある。
ソ………安定感はあるが、ドほど強くない。この音で終わると、ドにくらべてやや余韻
　　　　が残る感じになる。
ファ ……安定感は少ない。よく次にミに進みたがる。いいかえれば、ミが少し高くはず
　　　　れたような性格。
ミ………安定感はややあるが、ドやソほど強くない。この音で終わると、ドにくらべて
　　　　やや柔らかい感じがする。音階に明るい性格を与える存在。
レ………安定感は少ない。よく次にドに進みたがる。いいかえれば、ドが少し高くはず
　　　　れたような性格。
ド………安定感が強い。音階の中でリーダー的存在。
```

ここで、とても大事なことをいいます。以上の説明はすべて、そもそもドを中心に組み立てられている音楽（後述する長調の音楽）の場合に限った話です。なので、**次の節で登場する、ラを中心に組み立てられている音楽（短調の音楽）の場合には事情が異なる**、ということにご注意ください。

練習36　それでは、音の性格を思い出すための練習をしてみましょう。性格に注意を向けることになるので、ここでは、各音のあいだの音程が何度かということは、あまり考えません。逆にいえば、音の性格をしっかり感じ取れれば、音程の広さに関係なく音がとれるようになる、ということです。

つねに、「終わった感じがするあの音」「明るい感じのあの音」「どこか重々しいあの音」などのように意識して、取ってください。各音の性格をたっぷり味わえるよう、1音につき2秒から3秒くらいのゆっくりのテンポで、練習してみましょう。

最初にド、ミ、ソの3音だけでやりましょう。オクターヴの違いがあっても、同じ階名の音は性格が同じになります。

① 　ド－ミ－ソ－ミ－ド－ミ－ド－
② 　ド－ソ,－ド－ミ－ド－ソ,－ド－
③ 　ド'－ソ－ミ－ソ－ド'－ソ－ミ－ソ－ド'－
④ 　ド－ソ－ミ－ソ,－ド－ソ,－ミ－ド－ソ－ド－
⑤ 　ド－ド'－ド－ミ－ソ－ド－ソ－ミ－ソ－ド'－

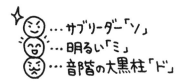

練習37　これらの訓練に慣れたら、英単語の勉強などで使う暗記カードに、「ド」「ミ」「ソ」の文字を書いてみてください。そして、このカードをめくりながら、そのつど出た階名の音を歌うようにします。この訓練を続ければ、ド、ミ、ソの3音がどのような順序で登場しても、しっかり歌えるようになります。

練習38 次に、ラの音を加えてみましょう。ラを取るときには、「ソが少し高くはずれたようなあの音」と意識するのがお勧めです。括弧に入れた音は、声には出さず、頭の中で想像するだけにしてください。

① ドーソーラーソーミード'ーミーソードーミーソーラーソード'
② ドーソ,ーミー（ソ,）ーラ,ーソ,ードーミー（ソ,）ーラ,ーソ,ーミード
③ ド'ーミーソーラーソード'ーミー（ソ）ーラーソーミーソーラー（ソ）ーミード'
④ ドーミードー（ソ）ーラー（ソ）ードーミードーソーラー（ソ）ードーミード
⑤ ド'ードー（ソ）ーラー（ソ）ードーミード'ー（ソ）ーラーソーミード'ーソーラー（ソ）ード

練習39 次はド、ミ、ソにレを加えたかたちです。レを取るときには、「ドが少し高くはずれたようなあの音」と意識してみてください。

① ドーソードーミードーレードーソードーミーソーミードーレード
② ドーミーソ,ーソー（ド）ーレードーソ,ーミーソー（ド）ーレードーソ,ード
③ ドーミーソ,ー（ド）ーレードーレー（ド）ーミーソ,ードーレー（ド）ーミーソ,ーミード
④ ドーソーミードーレードーソーミーソー（ド'）ーレ'ード'ーミーソー（ド）ーレー（ド）ーソード
⑤ ドーソ,ー（ド）ーレー（ド）ーソ,ーミーレーミードーソ,ーソー（ド）ーレーミーソードーレード

練習40 次に、ド、ミ、ソにファを加えたかたちです。ファを取る時には、「ミが少し高くはずれたようなあの音」と意識してみてください。

① ドーソーミーファーミーソードード'ーミーソードーミーファーミーソード
② ドーミーファーミーソ,ー（ミ）ーファーミーソ,ーソードーソー（ミ）ーファーミード
③ ドーミーソ,ードーミーファーソ,ードー（ミ）ーファーミードーミーファー（ミ）ーソ,ード
④ ド'ーソード'ーミーファーミードード'ーソー（ミ）ーファーミーソーミード'ー（ミ）ーファー（ミ）ード

⑤　ド－ソ,－ソー（ミ）－ファ－ミ－ソー（ミ）－ファー（ミ）－ド－ミ－ソ,－ド－（ミ）－ファ－ミ－ド

練習41　最後に、ド、ミ、ソにティを加えたかたちです。ティを取る時には…（もうわかりますね？）…「ドが少し低くはずれたようなあの音」とイメージして取ってください。

① ド－ソ－ド－ティ,－ド－ミ－ド－ティ,－ド－ミ－ソ－ド－ティ,－ド
② ド－ミ－ド－ティ,－ド－ソ,－ソ－（ド）－ティ,－ド－ソ,－ミ－ド－ティ,－ド－ミ－ド
③ ド－ソ,－（ド）－ティ,－ド－ミ－（ド）－ティ,－ド－ソ,－ミ－ド－ティ,－ド－ソ,－ミ－ド
④ ド－（ド'）－ティ–ド'–ミ－ソ－ド－ティ,－ド－ド'－ソ－ミ－（ド'）－ティ–ド'–ミ－ソ－（ド'）－ティ,－ド
⑤ ド－ソ－ミ－（ド'）－ティ,－ド－ソ,－（ド）－ティ,－（ド）－ソ,－ミ－ソ,－（ド）－ティ,－（ド）－ミ－ド

　さて、ドを軸とした各音の性格、おぼえられましたか？　このように、音階の中での各音の性格をおぼえて、いつでもそれを思い出して歌える能力のことを、（少しむずかしい言い方ですが）**調性感覚**とよんでいます。調性感覚をしっかり身につけていると、のちのち楽譜にもとづいて初見で歌うときにも、強い味方になります。なので、音程の練習とあわせて、がんばりましょう！

17.　長調と短調

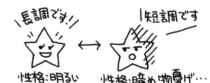

　さて、以上の課題はすべてドの音で終わっていました。このようにドの音で終わる音階のことを、**ド旋法**とよびます。これにはさまざまな別名があり、**長旋法**、**長音階**、**長調**などともよばれますが、以下ではとりあえず一般的な言い方で、**長調**

とよぶことにします。

「え？　じゃあ、ドじゃない音で終わる音階もあるの？」って？　それがちゃんと存在します。音楽はかならずドで終わらなければいけない、なんて決まりはありません。どの音（もちろん「ドの音」ではない…笑）も終わりの音になることができます。ただ、終わりの音としてよく使われる音とそうでない音というのはあります。そして、ド以外でよく使われる音の代表がラです。

そして、ドで終わる音階をド旋法（長調）というのに対して、ラで終わる音階を**ラ旋法**といい、別名で**短旋法**、**短音階**、**短調**などともよばれます。以下ではとりあえず**短調**とよぶことにしましょう。

長調と短調ということばはセットにしておぼえておくとよいでしょう。なお、長調と短調は、きいたときに受ける印象に違いがあります。簡単にいえば、長調はどこか「明るい感じ」なのに対して、短調はどこか「暗い感じ」がします（じっさいはそれほど単純でないことも多いのですが、当面はおおざっぱなイメージとしてそのように捉えておいてください）。

では、じっさいに短調の課題を歌ってみましょう。

18.　短調の音階

練習42　長調の音階練習を発展させて、そのまま短調の練習ができる課題です。それぞれの課題のなかで、中間のドと最後のラ（太字で示しています）を、長くのばして歌ってみてください。ドのときにも「一時的に曲を終えるつもりで」のばしてみましょう。

そして、ドでのばすときとラで終える時の印象のちがいを、感じてみてください。おそらく、ドのときには「どこか明るく」終わり、ラのときには「どこか暗く」終わる感じがするのではないかと思います。

① ドーレーミーファーソーファーミーレード---（一時的に終えるつもりで長くのばす）
ティ,ーラ,ーティ,ードーレーミーレードーティ,ーラ,---（長くのばし、じっさいに終える）

② ドーレーミーレード---ティ,ーラ,ーティ,ードーティ,ーラ,---

③ ドーレーミーファーミーレード---ティ,ーラ,ーティ,ードーレードーティ,ーラ,---

④ ドーレーミーファーソーラーソーファーミーレード---ティ,ー
ラ,ーティ,ードーレーミーファーミーレードーティ,ーラ,---

⑤ ド'ーティーラーソーラーティード'---ティーラーソーファーミーファーソーラ---

練習43 では、これらをふまえ、童謡『最後だけ悲しいかえるのうた』を歌ってみましょう（もちろんジョークです）。

ド レ ミ ファ ミ レ ド－　　ミ ファ ソ ラ ソ ファ ミ－
ド　　ド　　ド　　ド　　ドドレレ ミミファファ **ミレドティ,ラ,－－**

練習44 次は、頭の音からいきなりラではじめてみます。といっても、**ド、レ、ミ、ファ、ソ、ラ、ティの音程関係は長調でも短調でも変わりません**。なので、長調のときとまったく同じように、全音と半音のちがいさえ意識して歌えば、むずかしくありません。ここでも、最後のラの音で「どこか暗く終わった感じ」がするのを味わってみてください。

ド'とドを折り返し地点に。

① ラーティード'ーティーラーソーファーミーレードーレーミーファーソーラ
② ラーソーファーミーレードーレーミーファーソーラーティード'ーティーラ

ミ'とミを折り返し地点に。

① ラーティード'ーレ'ーミ'ーレード'ーティーラーソーファーミーファーソーラ
② ラーソーファーミーファーソーラーティード'ーレ'ーミ'ーレード'ーティーラ

ラあるいはラ,を折り返し地点に。

① ラ,ーティ,ードーレーミーファーソーラーソーファーミーレードーティ,ーラ,
② ラーソーファーミーレードーティ,ーラ,ーティ,ードーレーミーファーソーラ

いろいろな折り返し地点で、上がったり下がったり。

① ラーティード'ーレード'ーティーラーソーファーミーファーソーラ
② ラーティーラーソーファーミーレードーレーミーファーソーラーティーラ
③ ラーソーラーティード'ーレ'ーミ'ーファ'ーミ'ーレード'ーティーラーソーラ
④ ラ,ーティ,ーラ,ーティ,ードーレーミーファーソーファーミーレードーティ,ーラ,
⑤ ラーティード'ーティーラーソーファーミーファーソーラーティード'ーレード'ーティーラ

正しい「ドレミ感覚」を身につける 1

練習45 短調の音階、慣れてきましたか。では、ここでもう一度「きらきら星」を歌ってみましょう。ただし、ここでは同じ旋律をはじめに本来どおり長調で、次に短調に変えたかたちで歌い、2つを聴き比べてみることとします。短調に変えるためには、主音をドからラに変え、それにあわせてほかの音の階名も変化させます。

長調では「ドードーソーソーラーラー」の「ソーラー」が長2度だったのに対し、短調では「ラ,ーラ,ーミーミーファーファ」の「ミーファー」が短2度になるなど、音程が変化する箇所がいくつかあります。結果として旋律の表情が変わることを、よく味わってみてください。

①長調で

　　ドードーソーソー　ラーラーソーー
　　ファーファーミー　ミーレーレードーー
　　ソーソーファーファー　ミーミーレーー
　　ソーソーファーファー　ミーミーレーー
　　ドードーソーソー　ラーラーソーー
　　ファーファーミーミー　レーレードーー

②短調で

　　ラ,ーラ,ーミーミー　ファーファーミーー
　　レーレードードー　ティ,ーティ,ーラ,ーー
　　ミーミーレーレー　ドードーティ,ーー
　　ミーミーレーレー　ドードーティ,ーー
　　ラ,ーラ,ーミーミー　ファーファーミーー
　　レーレードードー　ティ,ーティ,ーラ,ーー

19. 短調によるさまざまな音程練習

練習46　では、今まで訓練してきたさまざまな音程を、こんどはラを基点にしてやってみましょう。ここでは、音階を数えることなく、直接とれるように練習していきましょう。むずかしければ、先生が1フレーズずつ歌って、そのあとに反復して歌ってもよいかもしれません（いわゆる、まね歌いってやつですね）。以下では復習のために、それぞれに音程を括弧の中に示すことにします。では、まずは3度から。

ラ, ド ラ, ド ラーー（短3度）　　ティ, レ ティ, レ ティ, ーー（短3度）
ド ミ ド ミ ドーー（長3度）　　レ ファ レ ファ レーー（短3度）
ミ ソ ミ ソ ミーー（短3度）　　ファ ラ ファ ラ ファーー（長3度）
ソ ティ ソ ティ ソーー（長3度）　ラ ド' ラ ド' ラーー（短3度）

練習47　次に4度の練習です。へだたりが大きくなってたいへんになるので、音数は少しへらしましょう。1音1音を少し長めに歌ってください。**ファーティ**だけ**増4度**（広い4度）になること、おぼえていますか（本書27ページ）？　ほかはすべて完全4度です。なお、最後はラでしめくくります。

ラ, ーレーラ, ーーー　　　　ティ, ーミーティ, ーーー
ドーファードーーー　　　　レーソーレーーー
ミーラーミーーー　　　　　ファーティーファーーー（増4度！）
ソード'ーソーーー　　ラーーー

正しい「ドレミ感覚」を身につける 1

練習48　さて、もう1つ音程を広げて5度に入りましょう。多くは完全5度ですが、**ティ-ファ**だけ**減5度**（狭い5度）になることに、注意してください。

ラ,-ミ-ラ,---　　　　ティ,-ファ-ティ,---（減5度！）
ド-ソ-ド---　　　　レ-ラ-レ---
レ-ラ-レ---　　　　ミ-ティ-ミ---
ファ-ド'-ファ---　　ソ-レ'-ソ---ラ---

（手書きメモ）ティーファ：4度のときと逆にティーファは狭めにとろう！

練習49　この調子で次は6度です。音域が広くなってきたので、2回に分けて練習します。最初はラ,からミの上で。広い6度（長6度）と狭い6度（短6度）のちがいを意識しつつ、歌ってみてください。

なお、最後をしめるミ-ラは完全4度です。あるいは、そのミからラを取るときには、「例の、暗く終わる感じがする音を歌おう！」と意識するとよいかもしれません。

ラ,-ファ-ラ,---（短6度）　ティ,-ソ-ティ,---（短6度）
ド-ラ-ド---（長6度）　　レ-ティ-レ---（長6度）
ミ-ド'-ミ---（短6度）　　ラ---

次にミからラの上で。ラを少し低めに取って、ラ-ソ-ファ-ミという歌の前奏もつけてみましょう。

（前奏）ラ-ソ-ファ-ミ
ミ-ド'-ミ---（短6度）　　ファ-レ'-ファ---（長6度）
ソ-ミ-ソ---（長6度）　　ラ---

練習50 では、7度に入ります。6度のときと同じく2回に分けて歌ってみましょう。最初はラ,からミの上で。広い7度（長7度）と、狭い7度（短7度）の区別が重要になります。むずかしい音程ですが、自分の声をよくききながら、無理のない速さで歌ってみましょう。

ラ,－ソ－ラ,－－－（短7度）　　ティ,－ラ－ティ,－－－（短7度）
ド－ティ－ド－－－（長7度）　　レ－ド'－レ－－－（短7度）
ミ－レ'－ミ－－－（短7度）　　ラ－－－

では、次にミからラの上で。

（前奏）ラ－ソ－ファ－ミ
ミ－レ'－ミ－－－（短7度）　　ファ－ミ'－ファ－－－（長7度）
ソ－ファ'－ソ－－－（短7度）　　ラ－ソ'－ラ－－－（短7度）

練習51 これで最後になります。8度を歌ってみましょう。まずはラ,からミの上で。いずれも完全8度（オクターヴ）で、へだたりはつねに一緒です。

ラ,－ラ－ラ,－－－　　ティ,－ティ－ティ,－－－
ド－ド'－ド－－－　　レ－レ'－レ－－－
ミ－ミ'－ミ－－－　　ラ－－－

ミからラの上で。前奏の最後のミはできるだけ低く取りましょう。

（前奏）ラ－ソ－ファ－ミ
ミ－ミ'－ミ－－－　　ファ－ファ'－ファ－－－
ソ－ソ'－ソ－－－　　ラ－ラ'－ラ－－－

練習52 短調による音程練習、よくがんばりました。では、今までの復習のために、じっさいに短調でできている曲を歌ってみましょう。まずは『こがねむし』から。

ラ,ティ,ドティ,ラ,ーミ,
ラ,ティ,ドティ,ラ,ー
ラ,ティ,ドレミーファファミレドティ,ラ,ー
ラーラーラーファーミーミーミードティ,
ミーミーミードティ,ラ,ーー

もう1つ、『ひなまつり』です。これも一種の短調ですが、ソがまったく登場せず（また、レもほとんど登場せず）、日本民謡などで使われる音階に近くなっています。

ミ　ミ　ミ　レ　ミ　ミ　ラ　ファ　ミ　ミ　ファ　ファ　ミ　ーー
ド　ド　ド　ティ,　ド　ド　ミ　ド　ティ,　ティ,　ド　ティ,　ラ,　ーー
ラー　　　ラ　ティ　ラ　ファ　ミ　ド　ド　ミ　ラ　ファ　ミ　ーー
ドー　　　ティ,　ラ,　ティ,　ド　ミ　ラ　ファ　ミ　ド　ティ,　ラ,　ーー

20. 和声的短音階と旋律的短音階

練習53　短調の音階、慣れたでしょうか？　実は、この短調の音階は「変身」をすることがあります。とはいっても、音階が別物になってしまうほどの劇的な変身ではなく、あくまでも短調であることはキープしたうえでの、ちょっとした衣替えのようなものといえばいいかもしれません。

　まずは、今まで歌ってきた「ふつうの」短調を復習しましょう。1オクターヴ上まで上がったら、また下がってみてください。

　　　ラ,－ティ,－ドーレーミーファーソーラー　　ラーソーファーミーレードーティ,－ラ,

練習54　では、ここで最初の変身をしてみましょう。いま歌った音のうち、ソだけ半音高くしてください。

　「半音高く」という捉え方がむずかしかったら、**ソを少しだけ高めて、ラに一歩近づける**（でもまだラには達しきらない！）というイメージで歌ってもよいです。そして、この高くしたソを、「シ」と発音してください。「シ」というのは、「ソが半音高まった音」という意味の階名です。ローマ字で説明すれば、「so」の音の「o」の部分を「i」に変えると、「si」になりますが、このときに加えられる「i」の母音が「半音高める」ことを意味します。

　では、まずはソだけがシに変わった短調、歌ってみましょう。

　　　ラ,－ティ,－ドーレーミーファー**シ**ーーラー　　ラー**シ**ーーファーミーレードーティ,－ラ,

　いかがでしたか？　え、なんだか不思議な音階だって？　たしかに、そのようにもきこえるかもしれないですね。

　ところで、さっきのソーラのソよりも、シーラに変えたときのシのほうが、ラに

引っぱられる感覚が強まったのではないでしょうか？ 逆に、下行形でシーファと進むときには、どこか無理やり「強行突破」する感じがしたかもしれません。

そして、このようにソだけを半音高めてシに変えた短音階を、**和声的短音階**といいます。それに対して、今まで歌ってきたような、長調と同じくド、レ、ミ、ファ、ソ、ラ、ティの7音で作られている短音階を、**自然的短音階**といいます。そして、自然的短音階と和声的短音階をくらべてみると、自然的短音階ではファーソが長2度だったのに対し、和声的短音階でファーシはそれよりも広くなっています。この2度は「**増2度**」といいます。

● もとのかたち＝自然的短音階

　ラ,　－　ティ,　－　ド　－　レ　－　ミ　－　ファ　－　ソ　－　ラ

　　長2度　　短2度　長2度　長2度　短2度　　長2度　　長2度

● 変身したかたち＝和声的短音階

　ラ,　－　ティ,　－　ド　－　レ　－　ミ　－　ファ　－　シ　－　ラ

　　長2度　　短2度　長2度　長2度　短2度　　**増2度**　**短2度**

となりが狭くなったぶん、広くなる！

狭くなる！（ソがラに引き寄せられ、シになった結果として）

そういえば、この和声的短音階がさっき不思議にきこえたのは、もしかしたら、この増2度という珍しい音程に理由があったのかもしれません。もちろん、このファーシ間の増2度も、ソがシに変化してラの音に近づいた「結果」として生じています。

練習55　自然的短音階と和声的短音階をくらべるための練習です。和声的短音階になったときに変化する音（シ）を、太字で強調しています。「ファーソ」と「ファーシ」、また「ソーラ」と「シーラ」のへだたりの違いを意識してみてください。また、ソがシに変わると、ラへ進みたがる性格がいっそう強まることも、感じてください。

① （自然的短音階）

　ラ，－ティ，－ド－ティ，－ラ，－ソ，－ラ，－ティ，－ド－レ－ド－ティ，－ラ，－ソ，－ラ，－

　（和声的短音階）

　ラ，－ティ，－ド－ティ，－ラ，－**シ**，－ラ，－ティ，－ド－レ－ド－ティ，－ラ，－**シ**，－ラ，－

② （自然的短音階）

　ラ，－ティ，－ド－レ－ミ－レ－ミ－ファ－ソ－ラ－ソ－ファ－ミ－ファ－ソ－ラ－

　（和声的短音階）

　ラ，－ティ，－ド－レ－ミ－レ－ミ－ファ－**シ**－ラ－**シ**－ファ－ミ－ファ－**シ**－ラ－

③ （自然的短音階）

　ラ－ティ－ド'－ティ－ラ－ソ－ファ－ミ－レ－ド－レ－ミ－ファ－ソ－ラ－

　（和声的短音階）

　ラ－ティ－ド'－ティ－ラ－**シ**－ファ－ミ－レ－ド－レ－ミ－ファ－**シ**－ラ－

練習56　では、ここで、ドヴォルザークの『新世界交響曲』第4楽章のメロディを歌ってみましょう。もともとは自然的短音階の曲ですが、ここでも、自然的短音階と和声的短音階をくらべるために、**太字**の音はソにしたりシにしたりしてみてください。どちらが好きかな？

　（少し速めのテンポで）

　　ラ－－－ティ－ド'－ティ－－ラ　ラ－－－

　　ラ－－－**ソ（またはシ）**－ミ　ソ　ラ－－－－－

A.ドヴォルザーク

正しい「ドレミ感覚」を身につける 1

ラーーーティードーーティーーララーーー
ラーードラドミーーミーーラーーーー

練習57 次は、シャルパンティエという17世紀フランスの作曲家が『真夜中のミサ』という曲で使っているメロディです。典型的な和声的短音階で、シが印象的に登場します。

ミ ラ **シ** ミ ラ ティ ド-
レ ド ティ ラ ティ **シ** ラ-（ここまで、もう1回くりかえす）
ミ' ミ' ド' ミ' レ ド' ティ ラ
ミ' ミ' ド' ミ' レ ド' ティ ラ
ミ ラ **シ** ミ ラ ティ ド-
レ ド ティ ラ ティ **シ** ラ--

練習58 和声的短音階の特徴、味わえたでしょうか？ 最後に、もう1回だけ音階が変身します。以上で歌った和声的短音階の音のうち、こんどはさらにファを半音高くしてみてください。あるいは、**ファをミから少しだけ離して、そのぶんシに少しだけ近づける**、とイメージしてもよいです。ところで、そのファが半音高くなった階名はフィです。もとの音が「ｆａ」で、それに「半音高くなったこと」を示す「ｉ」が組み合わさるから、「フィ」ですね。では、歌ってみましょう。

ラ,-ティ,-ドーレーミー**フィ**-シーラ

57

練習59　よくできました。こんどはこのあとに、下行形を続けてみましょう。でも、ここで注意を。**下行形を歌うときには、いま変身させたフィとシを、もういちどもとのファとソに戻してください。**要するに、旋律的短音階では、上行形と下行形とで、ちがう音階を歌うことになります。とはいっても、ちがうのはファとフィ、また、ソとシだけで、低いほうの5音であるラ、ティ、ド、レ、ミは変化しません。

　以下ではわかりやすいように、上行形のときと下行形のときとでちがう音を、**太字**で強調しています。この音階も、何度も練習するうちに、自然に歌えるようになってきます。

　　ラ,－ティ,－ド－レ－ミ－**フィ**－**シ**－ラ

　　ラ－**ソ**－**ファ**－ミ－レ－ド－ティ,－ラ,

　どうでしたか。この音階では、上行形のフィとシを歌うときには、「エイ！　エイ！」と、2段階をふんでラに突き進むような感じがしたかもしれません。逆に、下行形でソとファを歌うときには、「ドン！　ドン！」と、2段階をふんでミに落ちてゆく感じだったかな？

　さて、このように、上行形のときだけフィとシが登場する短音階を、**旋律的短音階**といいます。ちなみに、上の説明からもわかるように、下行形は自然的短音階とまったく同じになります。なので、以下の図では、上行形だけにしぼって、旋律的短音階の音程関係を確認してみることにします。こんどは和声的短音階とくらべてみましょう。

● 変身したかたち①＝和声的短音階

　　ラ,　－　ティ,　－　ド　－　レ　－　ミ　－　**ファ**　－　**シ**　－　ラ
　　　長2度　　短2度　　長2度　長2度　**短2度**　**増2度**　短2度

● 変身したかたち②＝旋律的短音階（上行形）

ラ ， ー ティ， ー ド ー レ ー ミ ー **フィ** ー **シ** ー ラ

　長2度　　短2度　長2度　長2度　**長2度**　**長2度**　短2度

練習60　では、旋律的短音階の練習を続けてみましょう。それぞれ、自然的短音階および和声的短音階でのかたちと比較してみます。

　え？「旋律的短音階では、ファおよびソと、フィおよびシをどのように使い分ければよいの？」って？　うーん……その基準はむずかしいけれど、おおざっぱにいえば、**メロディの流れがミに向かっているときにはファやソ、ラに向かっている時にはフィやシをよく使う**、といえるかもしれません。まあ、バッハという作曲家は、「ラ→シ→フィ→ミ」のように、ラからミに下行するときに、あえてシとフィを使うことも多いですが……。

　以下、特に注意してほしいところは、**太字**で強調しています。

①（自然的短音階）

ラーティード'ーティーラーソーファーミーレーミー**ファ**ー**ソ**ーラーー

（和声的短音階）

ラーティード'ーティーラーソーファーミーレーミー**ファ**ー**シ**ーラーー

（旋律的短音階）

ラーティード'ーティーラーソーファーミーレーミー**フィ**ー**シ**ーラーー

② (自然的短音階)

ラーソーファーミーレードーレーミーファーソーラーティード'ーティーラーー

(和声的短音階)

ラーシーファーミーレードーレーミー**ファーシ**ーラーティード'ーティーラーー

(旋律的短音階)

ラーソーファーミーレードーレーミー**フィーシ**ーラーティード'ーティーラーー

③ (自然的短音階)

ラ,ーティ,ードーレーミーファーミーレードーティ,ーラ,ーソ,ーファ,ーソ,ーラ,ーー

(和声的短音階)

ラ,ーティ,ードーレーミーファーミーレードーティ,ーラ,ー**シ,ーファ,ーシ,**ーラ,ーー

(旋律的短音階)

ラ,ーティ,ードーレーミーファーミーレードーティ,ーラ,ー**シ,ーフィ,ーシ,**ーラーー

④ (自然的短音階)

ラ,ーソ,ーラ,ーティ,ードーレーミーファーソーファーミーレードーティ,ーラ,ーー

(和声的短音階)

ラ,ー**シ,**ーラ,ーティ,ードーレーミー**ファーシーファ**ーミーレードーティ,ーラ,ーー

(旋律的短音階)

ラ,ー**シ,**ーラ,ーティ,ードーレーミーファーソーファーミーレードーティ,ーラ,ーー

　以上で3種類の短音階が出そろいました。これらの違いについては、第2部でも復習します。

21. 臨時変化音について

『森のくまさん』という歌を知っていますね？　そう、「ある〜ひ　もりのなか…」ってやつです。歌詞をつけてちょっと歌ってみてください。

では、こんどは階名で。最初の「あ」の音はソです。次の「る」は？　2度下ですが、ファではない、ということがわかるでしょうか。ファよりもっとソに近い——そう、ファが半音高くなった音の「フィ（fi）」です。先ほど旋律短音階の時にも登場しましたね。

そして「もりの」の「も」はミ。「の」は？——もうおわかりですね。「レ（re）」の半音高い音という意味で、「リ（ri）」とよびます。

練習61　「フィ」と「リ」に注意しながら、『森のくまさん』を階名で歌いましょう。この2つの音がクリアできれば、あとは楽です。

　ソ**フィ**ソミ　　ミミ**リ**ミド　　ミミレドレ　　ソラソミ
　ソラティド'ーソーミードーラーーー　ララティラソーファーミーレードーーー

こんどは『おもちゃのチャチャチャ』を取り上げましょう。最初のフレーズ（「おもちゃのチャチャチャ」）の階名はこうですね。

　ドドドミラララ　　レレレファソソソ

では続くフレーズ「チャチャチャおもちゃの　チャチャチャ」はどうでしょう？「チャチャチャおもちゃの」はソから始まりますが、3つ目の「チャ」は？——そう、ソが半音高くなるのです。「ソ」が半音高いということは…先に出てきた（本書54ページ）「シ（si）」ですね。このフレーズでは「の」の音も「シ」です。続く「チャチャ

チャ」はソ　ティ　ド'。つまり、このフレーズの階名はこうです。

　　ソソ**シ**ララ**シ**ソ　ティ　ド'

次のフレーズ「そらにきらきらおほしさま」は、

　　ソソファミミミファソソソド－－

そして、「みんなすやすや　ねむるころ」の「みんなすやすや」は、

　　ファファミレレレレ

です。

　では、「ねむるころ」はどうでしょうか？　「レララ……」のあとは、「ラ」が半音低くなっているのです。

　「ラ(la)」が半音低くなった、という意味で、この音を階名で「ロ(lo)」とよびます。

　なので、「ねむるころ」は、

　　レララ**ロ**ソ－

です。

<u>練習62</u>　それでは、『おもちゃのチャチャチャ』を階名でとおして歌いましょう。

　　ドドドミラララ　　レレレファソソソ　　ソソ**シ**ララ**シ**ソ　ティ　ド'
　　ソソファミミミファソソソド－－　　ファファミレレレレララ**ロ**ソ－－
　　ララティド'ド'ド'－　ティティティティラ－－　　ソソ**シ**ララ**シ**　ソ　ティ　ド'
　　ドドドミラララ　　レレレファソソソ　　ソソ**シ**ララ**シ**ソ　ティ　ド'

このように、一時的に変化する音を「**臨時変化音**」とよんでおきましょう。それらをまとめて、表で表します。原則として「基本の階名」が半音高くなると「-i」、半音低くなると「-a」に変わります。ただし、ラ(la)は最初から「-a」なので、そこだけは「ロ(lo)」です。また、レ(re)の半音低い音は「ラ(ra)」になってちょっとまぎらわしいのですが、「ra」は巻き舌で発音するといいでしょう。「li」と「ri」も同様です。

臨時に半音高くなる音	ディ(di)	リ(ri)		フィ(fi)	シ(si)	リ(li)	
基本の階名	ド(do)	レ(re)	ミ(mi)	ファ(fa)	ソ(so)	ラ(la)	ティ(ti)
臨時に半音低くなる音		ラ(ra)	マ(ma)			ロ(lo)	タ(ta)

　なお、臨時変化音を含む曲の本格的な練習は、本書第3部でおこないます。

2

楽典

「楽譜」の一種としての五線譜

　地域のお祭りが近づくと、どこからか笛や太鼓、鐘などの音がきこえてきます。
　そうしたお囃子に参加する人たちは、なににもとづいて練習しているのでしょうか？　もちろん、ケース・バイ・ケースということもあるでしょうけど、たいていの地域では、先輩が後輩に模範演奏を示したうえで、身振り・手振りをまじえて口頭で教えられています。つまり、お囃子を習うにあたっては、「楽譜」なるものは使われないのがふつうなのです。

　では、「楽譜」とはいったいなんでしょう？　ひとことで答えるとするなら、「音という聴覚情報を、なんらかの方法で視覚化（目に見えるように）したもの」ということになるでしょうか。
　ともあれ、人類の音楽の歴史においては、先輩なり師匠から後輩なり弟子に、楽譜を使わずに伝えられるのがあたりまえでしたし、いわゆる民俗音楽の多くはいまでもそうです。クラシック音楽の歴史もまた同様で、その源流とされる「グレゴリオ聖歌」にも、がんらい、楽譜はありませんでした。

楽典 2

　グレゴリオ聖歌は、4世紀に始まるローマ・キリスト教会の伝統的な礼拝音楽。男性聖職者たちによって斉唱（ユニゾン）されるものです。全員が同じメロディを、声をあわせて歌ってゆくという、いたってシンプルなスタイルの音楽ですから、楽譜も必要なかったのでしょう。

　とはいえ、神に捧げる聖なる歌の詞とメロディをきちんと記録したい、という気持ちが芽生えるのもまた自然なこと。そのさい、歌詞を紙（当時は高価な羊皮紙）に記すことには、なんの問題もありませんでした。聖歌の歌詞であるラテン語は教会の公用語であり、書きことばでもあったのですから。

　ならば、聖歌のメロディはどんなふうに記録するか？　「音という聴覚情報を、なんらかの方法で視覚化する」やり方には、とうぜん、さまざまな可能性（たとえば文字化や数字化、記号化など）があり、また教会内においてもいろいろな試みがなされたでしょう。その中で標準的なタイプとして定着し、聖歌の伝統的な楽譜（「ネウマ譜」とよばれる）となったのが、**平面（紙）上に水平の線を引き**、そこに黒く塗りつぶした四角形の音符で、**個々の音の高さを明記する**、というものです。音楽史の史料などでよく目にするのが、4線のネウマ譜。──「五線譜」はまさにその応用にほかなりません。

4線のネウマ譜

五線譜のしくみ

　五線譜は、水平な5本の線、および線と線のあいだ＝間（かん）に音符を記し、まずは個々の音の高さをはっきりと示すことを旨とした楽譜です。五線を超えてしまうほど高い、あるいは低い音は、短い「加線」を用いて記されます。

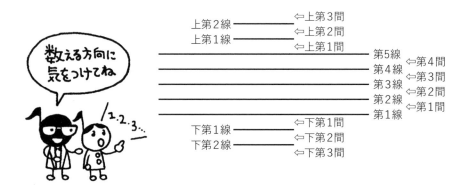

　すでに五線譜の知識をおもちの方に、ここでひとつクイズです。次の音はなんでしょう？

　……意地悪な問題で、ごめんなさい！　「答えられない！！」が正解です。なぜなら、**五線譜はつねに、「どの線がどの高さの音か」が示されないと、まるで役に立たないものだ**からです。

楽典 2

音名と音部記号

　この意地悪な問題を解説する前に、ひとつ大事なことをお話しておきましょう。

　本書「第1部」（21ページなど）をつうじておわかりのとおり、「ド旋法」（長調）「ラ旋法」（短調）などは、「全音−全音−半音−全音−全音−全音−半音」（ド旋法）「全音−半音−全音−全音−半音−全音−全音」（ラ旋法）、といったように、**1オクターヴ内につき5つの全音と2つの半音から成り立っています**。この種の音階は「**全音階**」（ダイアトニック音階）とよばれます。

　ほかに「レ旋法」「ミ旋法」「ファ旋法」「ソ旋法」もありますが、どの旋法も1オクターヴ内5つの全音と2つの半音から成り立っている（みな全音階である）、という点では同じです。さらに、旋法ごとに始まりの音（主音）は違っても、また何オクターヴ連なろうとも、全音と半音の並び方はすべて同じです。

　そうした並び方をする各音には、ラテン語のアルファベットを用いて名前がつけられていました。つまり「**音名**」です。英語音名もラテン語と同じです。

　全音階の各音名はＡＢＣＤＥＦＧの7種類。最後のＧの次はまたＡになって、ＢＣＤＥＦＧと続き、最初のＡより下に向かえば、ＧＦＥＤＣＢＡとなります。

本書第1部「練習8」にならい、とりあえず2オクターヴぶんの音名と音程を並べてみましょう。

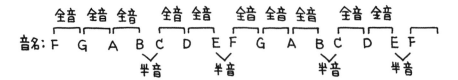

　さて、先ほどの意地悪な問題についてです。くりかえしになりますが、五線譜はつねに、「どの線がどの高さの音か」が示されないと、まるで役に立ちません。つまり**基準となる音名の明記が絶対必要**なのです。

　聖歌でよく用いられた基準音名は、C、そしてF，です。のちにはGも一般化します。ややこしい言い方になってしまいますけれども、この場合の**C**はオクターヴ高い**C'**ではなく「**C**」、そして**F，**は**F**ではなく、「**F，**」です。

　はじめのうち、ふつうの字体で記されていた基準音名は、やがて次のようにデザイン化されていきます。それが「音部記号」です。

$$G \rightarrow \text{𝄞}$$
$$F \rightarrow \text{𝄢}$$
$$C \rightarrow \text{𝄡}$$

　このうち、少なくともG音記号（ト音記号）は、誰でも見おぼえがあるでしょう。

　ところで、明治時代に西洋音楽とその理論が欧米から輸入されたとき、ラテン語（および英語）ABCDEFGの音名は、それぞれ「**イロハニホヘト**」という文字に置き換えられました。G＝ト、F＝ヘ、C＝ハなので、𝄞は「ト音記号」、𝄢は「ヘ音記号」、𝄡は「ハ音記号」とよばれるわけですね。

　以下の説明は、基本的には日本語の音名でおこなっていきますが、英語もとき

どき登場するので、あわせておぼえておいてください。

オクターヴの位置に対応した音名

歌の曲のメロディは、たいてい2オクターヴ以内におさまっていますが、楽器で演奏する曲は多くの場合それを超えてしまいます。なので、楽典を本格的に学ぶさいには、複数のオクターヴに対応する音名を使う必要があります。だいたい現代ピアノの音域に応じて7オクターヴちょっとを提示することが多いのですが、本書はあくまで基礎編、ということで、3つのオクターヴにとどめておきましょう。

楽典ではC＝ハ音がオクターヴの基本に置かれ、「ハニホヘトイロハ'」となります。そして、また少々ややこしい話になってしまいますが、「基本のオクターヴ」（通常、ト音記号が使われる）となるのは、日本語で「カタカナ1点ハ音〜1点ロ音」と呼ばれます。その下のオクターヴが「（点のつかない）カタカナのハ音〜ロ音」、上のオクターヴは「カタカナ2点ハ〜ロ音」になります。

オクターヴの位置に対応した日本語音名（3オクターヴぶん）

ハ ニ ホ ヘ ト イ ロ	ハ ニ ホ ヘ ト イ ロ	ハ ニ ホ ヘ ト イ ロ
（カタカナのオクターヴ）	（カタカナ1点のオクターヴ）	（カタカナ2点のオクターヴ）
低	基本のオクターヴ	高

上に点がつくほど高くなる

音部記号の位置は変わりうる

以上を踏まえて音部記号について詳しくいうと、ト音記号は「カタカナ1点ト音」、ヘ音記号はその下のオクターヴの「ヘ音」、ハ音記号は「カタカナ1点ハ音」を示す、ということになります。

現在、一般に目にする五線譜では、各音部記号は次の位置に記されています。

しかし、音部記号の位置は、そのしくみからして、また歴史上の実例から見ても、かならずこう、とは限りません。いささか乱暴にいってしまうなら、どの音部記号がどの線の上に置かれてもいいのです。

以下は、現在でもしばしば使われるものです。

練習1 第2部最初の練習です。次の音名を日本語で答えてください。（正解は124ページ）

階名の必要性

「練習1」、いかがだったでしょう?

音部記号の意味(どの線がなんの音か)がわかれば、ランダムに問われても、音名をいいあてるのはさほどむずかしくはないですよね。

しかし、それができるだけでは、五線譜に書かれたメロディを歌うことはできません。誰でも英語のアルファベットをいいあてることは簡単にできますが、アルファベットを知っているからといって、誰もが英文を読みこなせるとは限らないのと一緒です。つまり、五線譜に書かれたメロディをスラスラ歌うには、「音どうしの音楽的な意味」(英文でいえば単語や熟語の意味)を知り、音声化する(発音する=自分の声で歌う)能力を獲得する必要があるのです。

ここでかなめとなるのが、音程です。くりかえし述べてきたように、聖歌をはじめとする西洋音楽は、「全音-全音-半音-全音-全音-全音-半音-全音……」という音の並びにもとづいています。これにもとづくメロディの音楽的な意味を把握し、音声化する方法を考案したのが、グィード・ダレッツォ(991頃-1033以後)という11世紀初頭の音楽家でした。

伝えられるところによると、グィードは『聖ヨハネ賛歌』という聖歌を引用し、その歌詞の各節冒頭の語、"ut re mi fa sol la" を「全音−全音−半音−全音−全音」の並びにあてはめました。

　そして、このグィードの工夫を受け継いで、少し後代の人々が上記のイロハニホヘトの音階上のさまざまな位置にあてはめて歌えるようにしたのを「**階名**」とよびます。具体的にいうと「ト・イ・ロ・ハ・ニ・ホ」「ハ・ニ・ホ・ヘ・ト・イ」、および「ヘ・ト・イ・変ロ・ハ・ニ」に対してです（変ロについてはあとで解説します）。

音名：　ト，　　イ，　　ロ，　　ハ　　　ニ　　　ホ
音程：　　　全音　　　全音　　　半音　　　全音　　　全音
階名：　**ut**　　　**re**　　　**mi**　　　**fa**　　　**sol**　　　**la**

音名：　ハ　　　ニ　　　ホ　　　ヘ　　　ト　　　イ
音程：　　　全音　　　全音　　　半音　　　全音　　　全音
階名：　**ut**　　　**re**　　　**mi**　　　**fa**　　　**sol**　　　**la**

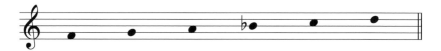

音名：　ヘ　　　ト　　　イ　　　変ロ　　　ハ'　　　ニ'
音程：　　　全音　　　全音　　　半音　　　全音　　　全音
階名：　**ut**　　　**re**　　　**mi**　　　**fa**　　　**sol**　　　**la**

楽典 2

　音名は違っても、「**階名**」ではいずれも "ut re mi fa sol la"。
　このようにグィードは、この6音の並び（ヘクサコルドという）の音程にもとづくメロディの脈絡を素早く読み取り、階名で歌ってゆく方法を築き上げたのです。それがすなわち「ソルフェージュ＝（前後の脈絡を読み取って）ソとかファ（要するに階名）で歌う方法」です。
　ここまでくると、もうおわかりですね？　utはのちに "do（ド）" に変わりました。グィードの時代の音楽はとてもシンプルでしたから、ド〜ラの6音の並びを提示するだけで用が足りました。そして、のちの時代に音楽理論がオクターヴをもとに語られるにいたって、階名にもうひとつ "si（本書ではティ＝ti）" が加えられたのでした。
　というわけで、1）**音名 CDE…（日本語ではハニホ…）と階名ドレミ…はそもそも別のものであること**、2）**階名ドレミ…は**（変な言い方ですが）**最初から「移動ド」のためのものだった**ことがご理解いただけたでしょうか？

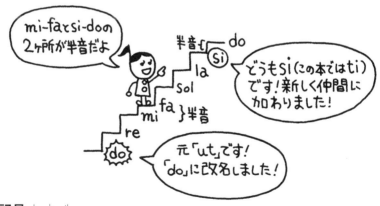

臨時記号 ♭ ♮ ♯

　聖歌はメロディ1本だけの素朴なスタイルでしたが、やがて、そこに新しいメロディ（対旋律）をくっつけることがおこなわれます。西洋音楽史で「オルガヌム」とよばれるものです。違う高さの音を同時に歌ってゆく——そのさいの音程の基本

となったのが、完全5度と完全4度でした。

　本書第1部の27・29ページをもういちど見てください。5度では「ティ－ファ」が「減5度」となり、4度では「ファ－ティ」が「増4度」となりました。ドをハにあてはめていえば、それぞれロ、－ヘ、ヘ－ロが該当しますが、どちらもたいへん歌いづらい音程であるとともに、同時に鳴り響くといささか不快感をもたらします（下記★）。当時は「増4度」が「悪魔の4度」とよばれるほどでした。

楽典 2

　では、「悪魔」を退散させ、ス〜っとおった完全4度（および完全5度）を得るにはどうしたらいいでしょう？　そのために当時取られた方法は、ロ（B）を半音低くすることでした。そうすれば、ヘと半音低いロ（変ロ）は「全音＋全音＋半音」の完全4度になりますし、半音低いロ（変ロ）とヘも「完全5度」となります（下記☆）。

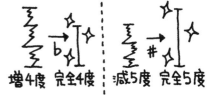

いっぽう、たとえばホ－ロ（完全5度）のロはそのままでOKですし、ロ,－ホ（完全4度）のロ,にも、手を加える必要はありません。したがって、「半音低いロ（変ロ）」と「そのままのロ」を、表記上、区別する必要が出てきます。

　両者を区別するために取られた方法は、半音低いロ（変ロ）は「丸型のb」、そのままのロは「角型のb」とすることでした——そうです、それぞれ英語でいう「フラット」（日本語では「変記号」）、「ナチュラル」（「本位記号」）という臨時記号のご先祖です。

　両方とも、のちには（ロ音だけでなく）すべての音に対して「半音低く」、ないし「元の音に」の意味の臨時記号として適用されることになります。また、「半音高く」の臨時記号♯（シャープ、日本語では「嬰記号」）は、♮を変形させたものです。そういわれれば、かたちがよく似ていますよね。

b → ♭　　♮ → ♮ ♯

　♯や♭のついた音は「派生音（はせいおん）」、それらがつかない音は「幹音（かんおん）」といいます。

　なお、ロ♮（B♮）のドイツ語音名は「h」（ハー）ですが、これは、ドイツでは♮の記号が「h」の文字で代用されていたことの名残りです。

楽典 2

多彩な旋法から「長音階」「短音階」へ

<u>**練習2**</u>　本書第1部を思い出しながら、次の音階を歌ってみましょう。

「ソ旋法」　ソ,　ラ,　ティ,　ド　レ　ミ　ファ　ソ
音程：　　　　全音　全音　　半音　全音　全音　半音　全音

「ラ旋法」　ラ,　ティ,　ド　レ　ミ　ファ　ソ　ラ
音程：　　　　全音　　半音　全音　全音　半音　全音　全音

「ティ（シ）旋法」　ティ,　ド　レ　ミ　ファ　ソ　ラ　ティ
音程：　　　　　　　　半音　全音　全音　半音　全音　全音　全音

「ド旋法」　ド　レ　ミ　ファ　ソ　ラ　ティ　ド'
音程：　　　全音　全音　半音　全音　全音　全音　半音

「レ旋法」　レ　ミ　ファ　ソ　ラ　ティ　ド'　レ'
音程：　　　全音　半音　全音　全音　全音　半音　全音

「ミ旋法」　ミ　ファ　ソ　ラ　ティ　ド'　レ'　ミ'
音程：　　　半音　半音　全音　全音　半音　全音　全音

「ファ旋法」　ファ　ソ　ラ　ティ　ド'　レ'　ミ'　ファ'
音程：　　　　全音　全音　全音　半音　全音　全音　半音

またまた乱暴なことをいってしまえば、ヨーロッパ中世の音楽は、これら7つの音階のいずれかにもとづいていました。要するに、ド、レ、ミ、ファ、ソ、ラ、ティのいずれかで始まり、途中の変化音なしにオクターヴ上まで連なったものです。そして、最初（および最後）の音は「**主音**」とよばれます。

いずれにせよ、それぞれ性格の異なる、多彩な音調の世界がそこにあった、といえるでしょう。

面白いことに、音楽の歴史は、この多彩な音階をたった2つにまとめてしまう方向に動きました。そうして一般化していくのが、いわゆる「長音階」と「短音階」です。

「長音階」は「ド旋法」、すなわち「全音－全音－半音－全音－全音－全音－半音」の関係にあるもの、「短音階」のそれは「ラ旋法」、つまり「全音－半音－全音－全音－半音－全音－全音」に関係にあるものです（ラ旋法は、途中の音が変化することもあります。詳しくは第1部54・58ページおよび後述94・98ページ）。

文句なしに（途中の音が変化せずに、幹音のみを用いた音階として）「ド旋法」といえるのは、ハを主音とする場合。つまり「ハ調ド旋法」（一般には「ハ長調の音階」とよばれる）です。同じく「ラ旋法」というのはイを主音とする場合、すなわち「イ調ラ旋法」（イ短調の音階）です。

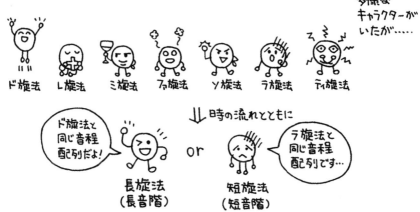

楽典 2

ハ調ド旋法（ハ長調）

前の項目で見たとおり、中世も時代が進むうちにロ音を半音下げるケースが出てきました。これをヘを主音とする旋法に適用すると、やはり「ド旋法」、つまり「ヘ調ド旋法」（一般にはヘ長調）となります。また、ニを主音とする旋法のロ音を半音下げると「ラ旋法」、すなわち「ニ調ラ旋法」（「ニ短調」）になります。

ヘ調ド旋法（ヘ長調）

ニ調ラ旋法（ニ短調）

いっぽう、トを主音とするソ旋法は、ヘを半音高くすれば「ド旋法」となります。すなわち「ト調ド旋法」です。また、ホを主音とするミ旋法のヘを半音高めれば「ラ旋法」、つまり「ホ調ラ旋法」になります。

ト調ド旋法（ト長調）

ホ調ラ旋法（ホ短調）

正しいドレミの歌い方

鳴海史生 + 大島俊樹 著

正しいドレミの歌い方

鳴海史生 + 大島俊樹 著

ARTES

楽典 2

調号

　前述のヘ調ド旋法（ヘ長調）とニ調ラ旋法（ニ短調）、およびト調ド旋法（ト長調）とホ調ラ旋法（ホ短調）の音階には、派生音それぞれに臨時記号をつけました。

　しかし現在では、音階の派生音は音部記号の右どなりにまとめて記されるのがふつうです。これを「**調号**」といいます。

　調号は、オクターヴの区別なく、当該の派生音すべてに**適用**されます。

　調号♯は階名「ティ」、♭は「ファ」にあたることをよく確認してください。

調の拡張

　ハ調ド旋法とイ調ラ旋法は調号をもちません。ト調ド旋法とホ調ラ旋法は、階名「ティ」の箇所に調号♯が1つ。ヘ調ド旋法とニ調ラ旋法は、階名「ファ」の箇所に調号♭が1つです。

　ト音とホ音は、それぞれハ音、イ音の完全5度上。ヘ音とニ音は、それぞれハ音、イ音の完全5度下です。多彩な旋法を「長音階」と「短音階」にまとめてしまった西洋音楽は、こんどは、さらに完全5度上、ないしさらに完全5度下へと、調を広げていくことになります。つまり、ト調・ホ調の完全5度上、さらに完全5度上、さらに完全5度上……、ヘ調・ニ調の完全5度下、さらに完全5度下、さらに完全5度下……といった具合です。

　途中経過をバッサリと省略してしまうなら、オクターヴ内12半音のそれぞれ全部を主音とする、いわゆる長調・短調が確立するのです。そして、その音楽実践上の大成果のひとつが、J.S.バッハ (1685-1750) の『平均律クラヴィーア曲集』(24のプレリュードとフーガ集　全2巻) です。

　調号の数がいくら増えても、「長音階」は「ド旋法」、「短音階」は「ラ旋法」であることを強調しておきたいと思います。

わしの『平均律クラヴィーア曲集』はすべてのドレミ、すべてのラティドで作ったものじゃよ

楽典 2

調号を網羅すると、こうなります。

くりかえしになりますが、調号がいくつつこうとも、右端の♯は階名の「ティ」、右端の♭は「ファ」にあたります。

五度圏

さんざん、「本書の学習では楽器は使わないで！」といっておきながら、なんですが……そばにピアノなどの鍵盤楽器があったらちょっと見てください。そこには、1オクターヴ内（ハ〜ロ）に12の半音に対応するキー ——白7、黒5——があることがわかりますね？

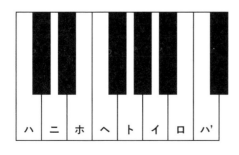

この12半音を時計に見立てて、「12（零）時」のところにハ調ド旋法とイ調ラ旋法（調号ゼロ）、時計回りに完全5度上の調──「1時」ト調ド旋法とホ調ラ旋法（調号♯1）→「2時」ニ調ド旋法とロ調ラ旋法（調号♯2）のように──、反時計回りに完全5度下の調──「11時」ヘ調ド旋法とニ調ラ旋法（調号♭1）→「10時」変ロ調ド旋法とト調ラ旋法（調号♭2）のように──を並べていくと、12の半音に対応する円形の図を作ることができます。それが「五度圏」とよばれるものです。五度圏を、該当する調号とともに示しておくことにしましょう。

　なお、現代の鍵盤調律法（いわゆる「平均律」）では、嬰ハと変ニのように、同じ黒鍵が2つの音で共有されるため、ダブって見えるところもあります（これを「異名同音」といいます）。

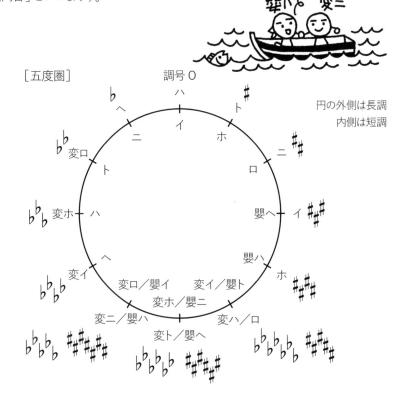

[五度圏]

円の外側は長調　内側は短調

楽典 2

調号をおぼえるための「魔法の呪文」集

　ここでまた、調号の話に戻ってみましょう。もういちど、85ページのいろいろな調号を見てください。

　調号のつく順番を左からみてみると、♯（嬰記号）は、ヘ→ハ→ト→ニ→イ→ホ→ロとなります。他方で、♭（変記号）の場合は、**これを逆から読んだかたちで、**ロ→ホ→イ→ニ→ト→ハ→ヘとなります。この順番、どこかで見たことがありませんか？　そう、シャープの順番は、左の五度圏の図でヘから右回りに読んだときの順（調の主音の順）と同じになっています。

他方で、フラットの順番は、ロからこんどは左回りに読んだときと同じです。

```
呪文 ①
シャープは左からヘ、ハ、ト、ニ、イ、ホ、ロ！
フラットは左からロ、ホ、イ、ニ、ト、ハ、ヘ！
```

　これをハ長調の階名に置き換えて読むと次のようになります。音名と階名の違いを意識するため、**かならず「ハ長調のままいえば」という前置きをつけてください。**

```
呪文 ②
ハ長調のままいえば、シャープは左からファ、ド、ソ、レ、ラ、ミ、ティ！
ハ長調のままいえば、フラットは左からティ、ミ、ラ、レ、ソ、ド、ファ！
```

　そして、次がすごいのですが……**この言い方のうち「ハ長調のままいえば」と**

いう前置きを取り去り、なおかつ、それぞれの「左から」を「右から」に言い変えて、さらには、階名を読む順序をそれぞれ前後逆にしてみてください。そうすれば、これもまた調号についての真実を語っていることになります。

呪文 ③
シャープは右からティ、ミ、ラ、レ、ソ、ド、ファ！（ヘが嬰ヘになるところまで）
フラットは右からファ、ド、ソ、レ、ラ、ミ、ティ！（ロが変ロになるところまで）

なんだか神秘的ですね。
　さて、最後にもうひとつだけ、すごい呪文を紹介しておきましょう。調号のいちばん右のシャープがティであり、いちばん右のフラットがファであることについてはすでに述べました。**実は、このティとファの音は、五度圏にしたがって調を拡張するさいにも重要な音となります。**そのことがわかる呪文を提示してみましょう。

呪文 ④
シャープが1つ多い調に変えるためには、【ファ】に【♯】をつけて、それを【ティ】に読み替える！
フラットが1つ多い調に変えるためには、【ティ】に【♭】をつけて、それを【ファ】に読み替える！

　シャープが1つ多い調というのは、五度圏の図で、それぞれの調から見て時計回りに1つとなりの調のことです。また、フラットが

楽典 2

1つ多い調というのは、これとは逆に反時計回りに1つとなりの調のことです。

　これらの呪文はとても便利なので、下記の練習問題を解くさいにもぜひ利用してください。

練習3　すべての調のド旋法（長音階）とラ旋法（短音階）を調号つきで書きましょう。ラ旋法は「自然的短音階」（55ページ参照）とします。正解は、125ページ以下の「付録」をご覧ください。

ハ調ド旋法（ハ長調）

ト調ド旋法（ト長調）

ニ調ド旋法（ニ長調）

イ調ド旋法（イ長調）

ホ調ド旋法（ホ長調）

ロ調ド旋法（ロ長調）

嬰ヘ調ド旋法（嬰ヘ長調）

嬰ハ調ド旋法（嬰ハ長調）

ヘ調ド旋法（ヘ長調）

変ロ調ド旋法（変ロ長調）

楽典 2

変ホ調ド旋法（変ホ長調）

変イ調ド旋法（変イ長調）

変ニ調ド旋法（変ニ長調）

変ト調ド旋法（変ト長調）

変ハ調ド旋法（変ハ長調）

イ調ラ旋法（イ短調）

ホ調ラ旋法（ホ短調）

ロ調ラ旋法（ロ短調）

嬰ヘ調ラ旋法（嬰ヘ短調）

嬰ハ調ラ旋法（嬰ハ短調）

嬰ト調ラ旋法（嬰ト短調）

嬰ニ調ラ旋法（嬰ニ短調）

楽典 2

嬰イ調ラ旋法（嬰イ短調）

ニ調ラ旋法（ニ短調）

ト調ラ旋法（ト短調）

ハ調ラ旋法（ハ短調）

ヘ調ラ旋法（ヘ短調）

変ロ調ラ旋法（変ロ短調）

変ホ調ラ旋法（変ホ短調）

変イ調ラ旋法（変イ短調）

ラ旋法のヴァリエーション　1）和声的短音階

　ここまで触れてきた「ラ旋法」は、楽典で「自然的短音階」とよばれるものでした。「自然的」というのは、「ラティドレミファソラ」のどれもが変化しないからです。しかし、いつもそうだとは限りません。変化音をもつラ旋法もあるのです。

　その1は、ソが半音高くなる、すなわち「シ（si）」となるものです（ティ（ti）と混同しないように注意！）。楽典ではこれを「和声的短音階」とよびます。音階各音の音程関係については、第1部55ページを復習してみてください。

　和声的短音階をニ調ラ旋法（ニ短調）の場合で見てみましょう。「ソ」にあたるCに臨時記号の♯がつきます。

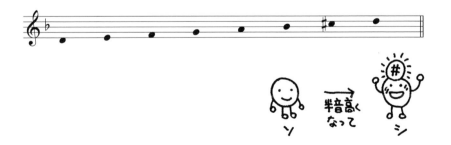

楽典 2

　では、こんどはハ調ラ旋法（ハ短調）の例です。「ソ」にあたるのはB♭ですから、その半音上はB♮です。

　もうひとつ、嬰ト調ラ旋法（嬰ト短調）の例を見ておくと、「ソ」にあたるのはF♯。もともと♯のついた音ですから、その半音高い音は……「♯♯」（ダブルシャープ、「重嬰記号」）。これは一般には「𝄪」の記号で記されます。

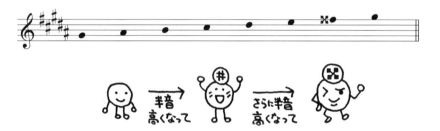

　ついでに述べておくと、じっさいの楽曲では半音2つぶん低くなる音がしばしば出てきます。「♭♭」と書いて、「ダブルフラット」、日本語では「重変記号」です。

<u>**練習4**</u>　すべての和声的短音階を調号つきで書きましょう（正解は125ページ以下を参照）。下にいくほど、♯あるいは♭が多くなってゆきます。

イ調ラ旋法（イ短調）

ホ調ラ旋法（ホ短調）

ロ調ラ旋法（ロ短調）

嬰ヘ調ラ旋法（嬰ヘ短調）

嬰ハ調ラ旋法（嬰ハ短調）

嬰ト調ラ旋法（嬰ト短調）

嬰ニ調ラ旋法（嬰ニ短調）

楽典 2

嬰イ調ラ旋法（嬰イ短調）

ニ調ラ旋法（ニ短調）

ト調ラ旋法（ト短調）

ハ調ラ旋法（ハ短調）

ヘ調ラ旋法（ヘ短調）

変ロ調ラ旋法（変ロ短調）

変ホ調ラ旋法（変ホ短調）

変イ調ラ旋法（変イ短調）

ラ旋法のヴァリエーション　2）旋律的短音階

　和声的短音階の階名は、「ラ, ティ, ド　レ　ミ　ファ　**シ**　ラ」です。このファ－**シ**は「2度」には違いなのですが、長2度より半音1つぶん広い、「**増2度**」になっています。しかし増2度はいささか歌いにくい。というわけで、じっさいの楽曲のメロディにおいてはその解消が図られることがあります。つまり、上行のさいにはファを半音高く、フィ（fi）にするのです。そして、下行するときはシをソに、フィをファに戻します。

　簡略に示すと、

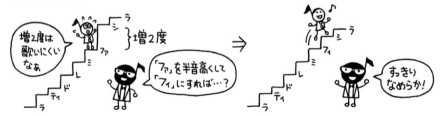

　これを「旋律的短音階」といいます。第1部58ページも復習してみてください。ニ調ラ旋法（ニ短調）の例で見てみましょう。

楽典 2

練習5 すべての旋律的短音階を調号つきで書きましょう。（正解は125ページ以下を参照）。

イ調ラ旋法（イ短調）

ホ調ラ旋法（ホ短調）

ロ調ラ旋法（ロ短調）

嬰ヘ調ラ旋法（嬰ヘ短調）

嬰ハ調ラ旋法（嬰ハ短調）

嬰ト調ラ旋法（嬰ト短調）

嬰ニ調ラ旋法（嬰ニ短調）

嬰イ調ラ旋法（嬰イ短調）

ニ調ラ旋法（ニ短調）

ト調ラ旋法（ト短調）

ハ調ラ旋法（ハ短調）

ヘ調ラ旋法（ヘ短調）

変ロ調ラ旋法（変ロ短調）

変ホ調ラ旋法（変ホ短調）

変イ調ラ旋法（変イ短調）

音程のしくみ
1）全音階固有音どうしの2音（階名をつけられる2音）の音程

さて、「増2度」が出てきたところで、あらためて「音程」を学習しておきましょう。

本書第1部で重ねてきた練習は、全音階のオクターヴ、あるいは「ド、レ、ミ、ファ、ソ、ラ、ティ」の「全音階固有音」どうしの音程の歌い方でした。

まず、第1部の音程を歌う課題を思い出しながら、全音階固有音のみの2〜8度の音程をチェックしておきましょう。ドレミの位置の読み取りについては、調号のいちばん右の♯がティで、いちばん右の♭がファであることを思い出せばむずかしくありません。なお、下記の3つ目の譜例（全音階固有音のみの3度）のように、調号がまったくついていない場合は、以下のように音名と階名を対応させておぼえてください。

ハ＝ド、ニ＝レ、ホ＝ミ、ヘ＝ファ、ト＝ソ、イ＝ラ、ロ＝ティ

全音階固有音のみの1度

すべて完全1度

全音階固有音のみの2度

全音階固有音のみの3度

全音階固有音のみの4度

全音階固有音のみの5度

全音階固有音のみの6度

楽典 2

全音階固有音のみの7度

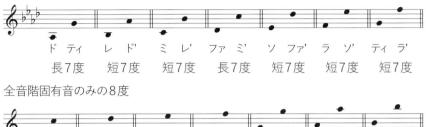

全音階固有音のみの8度

すべて完全8度

　1〜8度の音程は「単音程」とよばれることもあります。それに対して8度（オクターヴ）を超える音程は「複音程」といいます。

　「複音程」には2種類の言い方がありますが、ぜんぜんむずかしいものではありません。

　ひとつは「1オクターヴと〜2度」「1オクターヴと〜3度」……という言い方、もうひとつは「〜9度」「〜10度」……のように、ただ単純に数え上げる言い方です。「〜」のところには、単音程と同じ「長」「短」「完全」「増」「減」といった語がくっつきます。

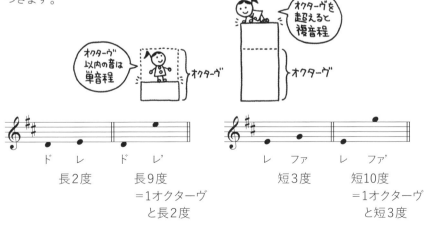

では、一緒にいくつかの例題を解いてみましょう。

いきなり応用問題になってしまいました。ごめんなさい。この場合は、右の変ホ音が調号ではなく、臨時記号のかたちで与えられています。でも、心配いりません。この場合も調号の知識を応用すれば簡単です。

まず、このように2音が与えられたら、「これらを同時に含む調はあるのか」を考えます。ここには変ホ音が登場しているわけですから、もしそれがあるとすれば、♭系の調（ヘ長調、変ロ長調、変ホ長調……など）ということになります。では、これら2音を含む♭系の調がなにかを、前述の「呪文①」（87ページ）を思い出しながら確認してみましょう。

復習です。「調号フラットは左からロ、ホ、イ、ニ、ト、ハ、ヘ！」。では、この順序どおりに♭をつけてゆき、調をひとつひとつ確かめてゆきます。さて、ハと変ホを同時に含む調に行きあたるのでしょうか？

まず、ロに♭をつけ、調号♭1つの調（ヘ長調、ニ短調）で試してみます。

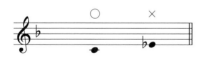

ハ音はヘ長調に含まれていますが、変ホはそうではないですね。なので、これは違うようです。

では、次にホに♭をつけ、♭2つの調（変ロ長調、ト短調）にしてみます。

これでよさそうですね。どちらも同じ調に含むことができます。そうなれば、あとは「調号のいちばん右のフラットはファ！」あるいは「調号のフラットは右からファドソレラミティ！」の呪文に従って、各音に階名をつけてみます。

レとファだから、短3度であることは一目瞭然ですね。**正解は短3度です。**

なお、上記では2音を♭2つの調（変ロ長調あるいはト短調）の音として捉えました。しかし、このまま調号の♭を増やし続けていったとしても、♭5つの調（変ニ長調、変ロ短調）まではこの2音を含めることができます。したがって、これらを下記のように「♭3つの調（変ホ長調、ハ短調）のラ,−ド」あるいは「♭4つの調（変イ長調、ヘ短調）のミ−ソ」あるいは「♭5つの調（変ニ長調、変ロ短調）のティ,−レと捉えてもよいです。**けっきょく正解は、同じ短3度になります。**

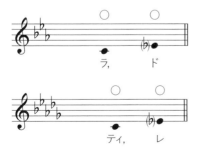

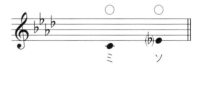

♯の音を含む2音についても同じやり方で解けます。じっさいに以下の例題を解いてみましょう。

まず、前述87ページの呪文①を思い出しながら、2音を同時に含む調があるか確認します。

調号♯の付く順番は「左からへ、ハ、ト、ニ、イ、ホ、ロ！」でしたね。これを踏まえると、これら2音を含む調は、具体的には以下のとおりとなります。それぞれ階名とあわせて確認してみましょう。

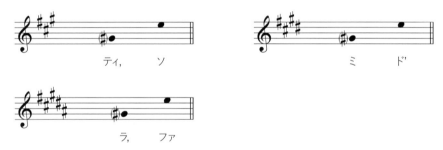

このように、これら2音は、♯3つの調（イ長調あるいは嬰へ短調）のティ,—ソ、♯4つの調（ホ長調、嬰ハ長調）のミ—ド'、♯5つの調（ロ長調、嬰ト短調）のラ,—ファのどれかとして捉えられます。でも、どの調の階名で読んでも、けっきょく音程は同じですね。**そう、正解は短6度です！**

以上のように、音程の把握はなるべく音階および調号の知識と結びつけておこなうよう、日ごろより習慣づけてください。

なお、2音を同時に含む調があり、なおかつ片方の音のみに♭がつけられている場合は、音程の判断は簡単になります。つまり、この場合は、「フラットはファ！」の原則を踏まえ、ひとまずその♭音にファと階名をつければ、2音の階名が即座に

わかるからです。たとえば、以下の場合には★の音をファとします。

ティ♭　ファ
→ティ♭とファだから減5度だ！

ファ　ラ♭
→ファとラ♭だから短6度だ！

　他方で、2音を同時に含む調があり、なおかつ、片方のみに♯がついている場合も、音程の判断は簡単です。というのも、その場合は「シャープはティ！」の原則にしたがい、♯音をひとまずティと読めば、2音の階名がすぐに導き出せるからです。

ティ　ド
→ティとドだから長7度だ！

レ　ティ♯
→レとティ♯だから短3度だ！

ティ♯　ミ
→ティ♯とミだから完全4度だ！

　なお、2音とも幹音どうしの場合はひとまずハ長調、2音とも♭音どうしの場合はひとまず変ハ長調、2音とも♯音どうしの場合はひとまず嬰ハ長調の階名で考えれば、簡単に音程を導き出せます。いずれも、譜表上での各階名の位置はハ長調の場合と同じです。

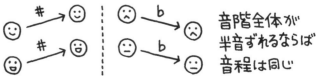

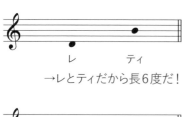
→レとティだから長6度だ！

→ミとド'だから短6度だ！

→ファとミだから短2度だ！

音程のしくみ
2）全音階固有音どうしでない2音（階名をつけられない2音）の音程

さて、ここまでは、2音を同時に含む調がある場合の音程について確認してきました。でも、そうでない場合はどうするのか？　それを今から確認してみましょう。

ここで便利なのが次の図です。

2、3、6、7度は基本の音程が「長」または「短」。長音程が半音1つぶん狭くなれば「短」、逆に短音程が半音1つぶん広がれば「長」になります。1、4、5、8度は「完全」が基本です。

長音程および完全音程が半音1つぶん広くなると「増（ぞう）」音程、さらに1つぶん広がれば「重増（じゅうぞう）」音程です。

楽典 2

　そして、短音程および完全音程が半音1つぶん狭くなると「減（げん）」音程、さらに1つぶん狭まると「重減（じゅうげん）」音程になります。

　このことを踏まえて、以下の音程を解いてみましょう。

　まず、この2音を同時に含む調がないことは、調号の知識からすぐにわかります。というのは、ほんらいの順番からすればイよりも先にヘに♯がつくはずなのに、その順序が逆転してしまっているためです。

　このような場合は、以下の手順で問題を解いていきましょう。

　まず、両者のうちの片方を、ひとまずなにかの調の音とみなします。この場合は、ヘ音をたとえば♭1つの調（ヘ長調あるいはニ短調）のドだと考えてみます。

　すると、もし右の音に♯がついていなくてヘ－イだったらド－ミ、つまり長3度になるわけですから、これはミが半音上がり、その結果として長3度が「半音1つぶん広くなった」状態であることになります。

　以下の譜例では、半音1つ分高くなった階名を↑の記号で示します。

　長音程が半音1つぶん広くなると、「増音程」になります。**したがって、正解は「ド－ミの長3度が半音広くなった音程」ということで、増3度です。** あるいは、

上記のヘ音をたとえばハ長調のファとみなして、「ファ−ラが半音広くなった音程」だと考えても、同じ答えになります。

　なお、嬰イは平均律の鍵盤上では変ロと共用されます。そのため、嬰イ＝変ロと読み替え（ヘ長調の階名ではファとなる）、「完全4度」と答える人がいるのですが、それは間違い。両者は別ものです！

　では、次はどうでしょう？

　まずは落ち着いて、どちらかの音について、それが属する調を考えてみましょう。たとえば右の変ホを♭3つの調（変ホ長調、ハ短調）のドだとしてみます。

　そうしたら、「もし左側の音に♯がついていなくてハ音だったらラ,−ドの短3度である」ことを確認しましょう。それとくらべれば、この嬰ハの音は、ラ,が半音だけ上がり、ドに近くなった音であることがわかります。

つまり、この音程はラ♭-ドの短3度が「半音1つぶん狭くなった」ものです。

短音程が半音狭くなると「減音程」になる、ということはすでに述べました。「短3度」が半音狭くなると、それは「減音程」になります。**というわけで、嬰ハ−変ホは「減3度」です。**

最後にもうひとつだけ。これはいかがでしょうか？（じっさいの音楽ではほとんど出会わないと思いますが）

これも怖くありません。まずは、右側の嬰ハを仮に♯7つの調（嬰ハ長調、嬰イ短調）のドとしてみましょう。

そうしたら、もし右側が嬰トだったらドーソの完全5度であることになります。それとくらべれば、問題の変トというのは、「嬰ト→ト（♮）→変ト」というように、ソがドに半音2つぶん近づいた音であることがわかります。その結果として、この音程は「ドーソの完全5度が半音2つぶん狭くなった」状態となっています。完全音程が半音2つぶん狭くなれば「重減音程」になります。**なので、正解は「重減5度」です。**

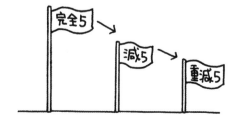

では、この要領で音程を答える練習をしてみましょう。

練習6　次の音程を答えてください。正解は124ページ。

楽典 2

音符

これまで取り組んできた音程は、「音の高さ」に関するものでした。

次に、「音の長さ」にかかわる学習をしましょう。「音符」と「休符」です。

練習7 まず、だいたい1秒間隔（適当でいいです）で「タン・タン・タン・タン」と4回唱えながら、手をたたきましょう。

タン　タン　タン　タン
1　　2　　3　　4　秒

この「タン」を♩という音符に置き換えてみます。これを見ながらもういちど、同じように（「タン・タン・タン・タン」と4回唱えながら）手をたたきましょう。

♩　♩　♩　♩
1　2　3　4　秒

練習8 こんどは手を4回たたきながら、♩をつなげて、2倍の長さにしてみましょう。「タン」を「タ〜ン」にする感じですね。

タ〜ン　　タ〜ン
♩⌒♩　　♩⌒♩
1　2　　3　4　秒

この曲線 ⌒ を「タイ」といいます。「ネクタイ」の「タイ」と同じく、「結ぶ」という意味です。

♩の2倍の長さの音符としては、通常は 𝅗𝅥 が用いられます。

𝅗𝅥　　　𝅗𝅥

1　　2　　3　　4　　秒

<u>練習9</u>　では、♩を4倍にしてみましょう。唱えるのは「タ〜〜〜ン」の1回だけになります。

タ　〜　〜　〜　ン

♩⌢♩⌢♩⌢♩

1　2　3　4　秒

いま、とりあえず全部をタイで結びましたが、♩の4倍の長さの音符としては、通常は 𝅝（全音符）が用いられます。

<u>練習10</u>　こんどは逆に、♩を半分にしましょう。1秒あたり、均等に2回、「タ・タ・タ・タ……」と唱えます。

タ・タ　タ・タ　タ・タ　タ・タ

1　　2　　3　　4　　秒

この「タ」を♪という音符に置き換えてみます。それを見ながらもういちど、「タ・タ・タ・タ……」と唱えましょう。

♪♪ ♪♪ ♪♪ ♪♪

1　　2　　3　　4　　秒

♪が♩の半分の長さであることがわかりますね。

楽典 2

練習11 それでは、♪を半分の長さに、つまり♩を4等分してみましょう。ややせわしないですが、「タタタタ・タタタタ・タタタタ・タタタタ」の感じですね。♪の半分は♬です。

基本的な音符の名称

以上の 𝅝 𝅗𝅥 ♩ ♪ ♬ が、もっとも基本的な音符となります。

現在では一般的に 𝅝 がもっとも長い音符とされ、「全音符」とよばれます。その半分となる 𝅗𝅥 は「2分（ぶん）音符」、2分音符の半分が ♩ で「4分音符」、その半分が ♪ の「8分音符」、そのさらに半分が ♬ の「16分音符」です。

これらの関係を図で示しておきましょう。

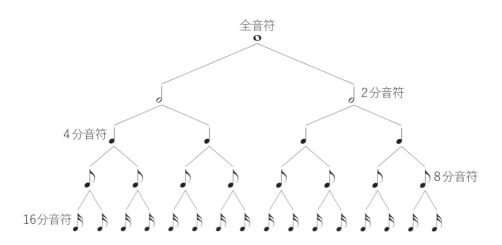

付点音符

　以上の音符の右に「・」が付いた音符を、「付点音符」といいます。それぞれの音符に、2分の1の長さがプラスされることになります。

練習12　「1、2、3、4」と手をたたきながら、付点音符の練習をしましょう。

という感じです。

　次の場合はスキップのように。

楽典 2

♪と♩が逆になると、

タタ～ン　タタ～ン　タタ～ン　タタ～ン
♪♩　♪♩　♪♩　♪♩
1　　2　　3　　4

といった具合ですね。

連桁

♪♪は♫、♪♪♪は♬のように書かれることがよくあります。また、♪♪♪♪は♬♬、♪♪♪♪♪は♬♬♪と書かれる場合が多いです。こういうのを「連桁（れんこう）」といいます。

連符

音符はいつも何かの「半分（2分の1）」とか「2倍」の長さになるとは限りません。たとえば3つに分割されることもよくあります。

♩を3つに分割すると、♩♩♩となります。つまり、

タ　～　ン　　　　タ　タ　タ
♩　　　　　　→　♩　♩　♩
1　　2　　　　　1　　2

また、♩が3つに分割されると、♫₃となります。

タン　　　　タ タ タ

♩　→　♫₃
1　　　　1

こういう音符を「3連符」といいます。

練習13　連桁、付点音符、3連符をとりまぜた練習をしましょう。

休符

　音楽は、始まりから終わりまでずっと音に満たされているとは限りません。「音が鳴ってない」ときもあります。それもまた、音楽の重要な要素なのです。
　「音が鳴ってない」、その長さを示すのが「休符（きゅうふ）」です。休符の長さは、それぞれ音符の長さに対応します。

楽典 2

名称	休符	同じ長さの音符
全休符	━	o
2分休符	▬	♩
4分休符	𝄽	♩
8分休符	𝄾	♪
16分休符	𝄿	♬
付点4分音符	𝄽・	♩.
付点8分音符	𝄾・	♪.

練習14 これまでと同じ要領で、休符の練習をしましょう。

口で唱える	タン	タン	ウン	ウン	タン	ウン	タン	ウン
	♩	♩	𝄽	𝄽	♩	𝄽	♩	𝄽
手をたたく	1	2	3	4	5	6	7	8

口で唱える	ウン	タタ	ウンタ	タウン	タタタウン	ウンタ	タウン	
	𝄽	♫	𝄾♪	♪𝄾	♫♫ (3)	𝄾♪	♫𝄾	
手をたたく	1	2	3	4	5	6	7	8

口で唱える	ウ〜ンタウ〜ン	タ	タン	タウン	タタ	ウンタ	タン	
	𝄾♪𝄽	♪	♪	♪𝄾	♫	𝄾♪	♩	
手をたたく	1	2	3	4	5	6	7	8

拍子とリズム

　以上の練習は「約1秒ごと」ということで、等間隔で手をたたきながらおこなってきました。

　この「等間隔」での手の打ち鳴らしは「拍（はく）」、英語で「ビート」といいます。ここまでは、ほぼ「4拍」ないし「8拍」で手をたたいてきた、ということになりますね。

　じっさいの楽曲はもっと長いですから、イメージ的に表すと「拍」は次のような感じで打たれることになります。

　しかし、拍はふつうこのようにダラダラとは連なりません。一定の「アクセント周期」を伴うのです。

　たとえば、2拍ごとにちょっとアクセントをつけてみましょう。

　ほら、一定の「アクセント周期」が感じられるでしょ？　これがつまり「拍子」ってものです。より詳しくいえば、「4分音符2つごとのアクセント周期」なので、「4分の2拍子」です。

　このことは、五線譜上では音部記号の右どなりに分数状の「拍子記号」として表され、さらに「アクセント周期」を明確にするために縦の「小節線」が引かれます。その縦線（じゅうせん）と縦線のあいだが「小節」です。ついでに述べておくと、

楽典 2

曲の終わりは「終止線」で示されます。また、場合によっては複縦線が使われることもあります。

4分音符3つごとにアクセント周期をもつのは「4分の3拍子」。

4分音符4つごとにアクセント周期をもつのは「4分の4拍子」。　4分の4拍子は、3拍目にも軽いアクセントを伴います。

4分の4拍子は、拍子記号としてCがよく用いられます。これはアルファベットのCではなく、「不完全な拍子」という意味。というのは、遠い昔、3拍子が「完全な拍子」と考えられ、○（マル）で示されました。それに対して、3で割り切れない不完全拍子は半かけのマル、というわけです。その名残がCの拍子記号です。

8分音符が拍となることもよくあります。

代表的なのは、8分音符6つごとのアクセント周期、つまり「8分の6拍子」です。これは、4拍目にも軽いアクセントを伴います。

8分の6拍子は1小節に2つのアクセントをもつので、大きく見れば2拍子ということになります。いっぽう、こまかく見ると3拍子。――このような拍子を「複合拍子」といいます（2拍子、3拍子、4拍子は「単純拍子」）。

ちょっとむずかしい言い方をすれば、「拍子」とは、音楽における「時間的経過に秩序を与えるもの」である、ということになるでしょう。そして、その秩序のもとで繰り広げられていく音の長・短のさまざまなパターンが「リズム」です。

いうまでもなく、「秩序」は大事なものです。秩序のない、「何でもあり」の世界は、混乱だらけになってしまいますから。とはいえ、がんじがらめの「秩序」に支配されるだけ、というのも息苦しいもの。音楽も同じで、拍子の安定性を少し危うくすることによって、面白さが引き出されることがあります。ここでは2つの代表的なパターンを挙げておきましょう。

楽典 2

その1、『蛍の光』のようなパターンです。

曲は4分の4拍子ですが、最初は4分音符が1拍だけですから、完全な小節をなしてはいません。別の言い方をすれば、4拍目という、アクセントを伴わない弱い拍から始まっています。「弱い拍から始まる」という意味で、これを「弱起（じゃっき）」（ドイツ語で「アウフタクト」）といいます。弱起が、杓子定規な「1　2　3　4」の流れに変化をもたらしているわけですね。

その2、「シンコペーション」。これはアクセントの位置を意図的にずらしてしまう、というもの。

たとえば次のようなパターンですね。ほんらい、3拍目にくるはずのアクセントが、2拍目に置かれています。

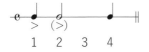

また、次の例では、あとの小節のアクセントが先取りされ、面白いものになっています。

練習1の答え

1）1点ホ音　　2）2点ト音　　3）1点イ音　　4）ロ音　　5）1点ト音
6）イ音　　7）ハ音　　8）ロ音　　9）1点ニ音　　10）ト音

練習6の答え

1）完全4度　　2）長7度　　3）長3度　　4）完全5度　　5）長6度
6）短2度　　7）増1度　　8）長9度または1オクターヴと長2度
9）完全8度　　10）増2度　　11）短6度
12）増11度または1オクターヴと増4度　　13）減4度　　14）長2度
15）増4度　　16）完全5度　　17）長2度
18）長6度　　19）短6度　　20）増14度または1オクターヴと増7度

楽典 2

付録：すべての長音階、自然的短音階、和声的短音階、旋律的短音階

※以下の楽譜では、音名については1点音、2点音などの区別は省いています。

● ♯♭なしの調

ハ調ド旋法（ハ長調）

イ調ラ旋法（イ短調）、自然的短音階

イ調ラ旋法（イ短調）、和声的短音階

イ調ラ旋法（イ短調）、旋律的短音階

● ♯1つの調

ト調ド旋法（ト長調）

ホ調ラ旋法（ホ短調）、自然的短音階

ホ調ラ旋法（ホ短調）、和声的短音階

ホ調ラ旋法（ホ短調）、旋律的短音階

楽典 2

● ♯2つの調

ニ調ド旋法（ニ長調）

ロ調ラ旋法（ロ短調）、自然的短音階

ロ調ラ旋法（ロ短調）、和声的短音階

ロ調ラ旋法（ロ短調）、旋律的短音階

● ♯3つの調

イ調ド旋法（イ長調）

嬰ヘ調ラ旋法（嬰ヘ短調）、自然的短音階

嬰ヘ調ラ旋法（嬰ヘ短調）、和声的短音階

嬰ヘ調ラ旋法（嬰ヘ短調）、旋律的短音階

楽典 2

● ♯4つの調

ホ調ド旋法（ホ長調）

嬰ハ調ラ旋法（嬰ハ短調）、自然的短音階

嬰ハ調ラ旋法（嬰ハ短調）、和声的短音階

嬰ハ調ラ旋法（嬰ハ短調）、旋律的短音階

● ♯5つの調

ロ調ド旋法（ロ長調）

嬰ト調ラ旋法（嬰ト短調）、自然的短音階

嬰ト調ラ旋法（嬰ト短調）、和声的短音階

嬰ト調ラ旋法（嬰ト短調）、旋律的短音階

♯6つの調

嬰ヘ調ド旋法（嬰ヘ長調）

嬰ニ調ラ旋法（嬰ニ短調）、自然的短音階

嬰ニ調ラ旋法（嬰ニ短調）、和声的短音階

嬰ニ調ラ旋法（嬰ニ短調）、旋律的短音階

● ♯7つの調

嬰ハ調ド旋法（嬰ハ長調）

嬰イ調ラ旋法（嬰イ短調）、自然的短音階

嬰イ調ラ旋法（嬰イ短調）、和声的短音階

嬰イ調ラ旋法（嬰イ短調）、旋律的短音階

楽典 2

● ♭1つの調

ヘ調ド旋法（ヘ長調）

ニ調ラ旋法（ニ短調）、自然的短音階

ニ調ラ旋法（ニ短調）、和声的短音階

ニ調ラ旋法（ニ短調）、旋律的短音階

● ♭2つの調

変ロ調ド旋法（変ロ長調）

ト調ラ旋法（ト短調）、自然的短音階

ト調ラ旋法（ト短調）、和声的短音階

ト調ラ旋法（ト短調）、旋律的短音階

楽典 2

● ♭3つの調

変ホ調ド旋法（変ホ長調）

ハ調ラ旋法（ハ短調）、自然的短音階

ハ調ラ旋法（ハ短調）、和声的短音階

ハ調ラ旋法（ハ短調）、旋律的短音階

● ♭4つの調

変イ調ド旋法（変イ長調）

ヘ調ラ旋法（ヘ短調）、自然的短音階

ヘ調ラ旋法（ヘ短調）、和声的短音階

ヘ調ラ旋法（ヘ短調）、旋律的短音階

楽典 2

● ♭5つの調

変ニ調ド旋法（変ニ長調）

変ロ調ラ旋法（変ロ短調）、自然的短音階

変ロ調ラ旋法（変ロ短調）、和声的短音階

変ロ調ラ旋法（変ロ短調）、旋律的短音階

● ♭6つの調

変ト調ド旋法（変ト長調）

変ホ調ラ旋法（変ホ短調）、自然的短音階

変ホ調ラ旋法（変ホ短調）、和声的短音階

変ホ調ラ旋法（変ホ短調）、旋律的短音階

楽典 2

● ♭7つの調

変ハ調ド旋法（変ハ長調）

変イ調ラ旋法（変イ短調）、自然的短音階

変イ調ラ旋法（変イ短調）、和声的短音階

変イ調ラ旋法（変イ短調）、旋律的短音階

3

歌唱課題集

以下では、いよいよ五線譜に挑戦します。

全100曲の課題があるので、第1部の基礎訓練と第2部の楽典の知識を踏まえ、ドレミが五線上でどのように表されているかを確認しつつ歌い進めてみてください。

初心者でもとっつきやすいよう、基本的にはすべての課題にドレミをふってあります。ただし、★印をつけた課題は一部の音にのみ階名を書いているので、抜けている部分に自分で階名を書き加えてから歌ってみてください。迷ったときに各線上および線間と階名の対応関係を確認しやすいよう、調号のいちばん右の♯の位置には「ティ」、いちばん右の♭の位置には「ファ」と記してあります。なお、これらの♯あるいは♭が五線の上端に位置しすぎてしまうものについては、その1オクターヴ下の位置にも（ ）つきで補助の調号を加えてあります。

階名がふられた楽譜をたくさん読んだり、自分で階名をふる習慣をつけたりしておくと不思議なことに、階名が書かれていない楽譜からもいつの間にかドレミを読み取れるようになってゆきます。

以下の課題も基本的には楽器をいっさい使わず、自分の声と耳だけを頼りに歌ってください。曲の開始音あるいは主音の高さを確かめるくらいであれば問題ありませんが、特に歌の旋律を楽器でなぞってしまうと、ドレミ感覚がまったく育ちません。

なお、各曲とも楽譜上ではいちおう調が決められています。しかし、絶対音高にこだわることよりも、自分に歌いやすい音高で正しい音程関係を守って歌うことのほうが大事なので、楽譜の調があわなければ自由に高さを変えて歌っても問題ありません。

第1章　第1節　同度～3度の音程を用いた課題（長調）

[1]
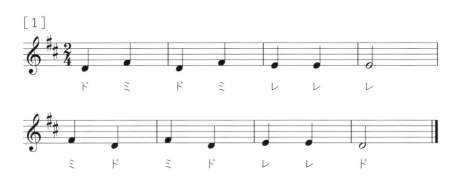

[2]

[3]

歌唱課題集 3

[7]

[8]

[9]

[10]

[11]

[12]

 以下におけるVの記号はブレス（息つぎ）記号であり、フレーズの区切りを表します。(V)のところでは息つぎをおこなってもおこなわなくてもよいですが、少なくともフレーズの小さな区切りがある意識だけはもつようにしてください。

歌唱課題集 3

第1章　第2節　同度〜3度の音程を用いた課題（短調）

[19]

[20]

[21]

歌唱課題集 3

[28]

[29]

[30]

歌唱課題集 3

[31]

[32]

[33]

第2章　第1節　同度〜5度の音程を用いた課題（長調）

[37]

[38]

[39] ★

[40]

[41]

[42] ★

第2章 第2節 同度〜5度の音程を用いた課題（短調）

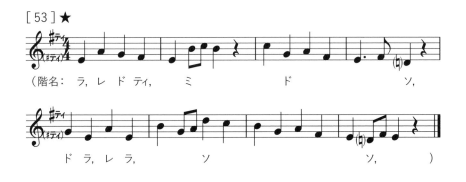

歌唱課題集 3

[55]

[56]★

[57]

第3章 第1節 同度〜8度(オクターヴ)の音程を用いた課題(長調)

歌唱課題集 3

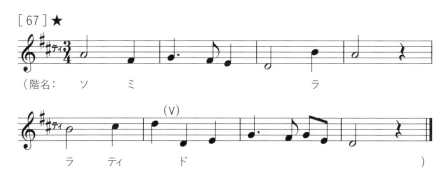

*の2音は、高くて歌いにくい場合はオクターブ下げてもかまいません。

第3章 第2節 同度〜8度（オクターヴ）の音程を用いた課題（短調）

[73]

[74] ★

[75] ★

[76]

[77] ★

[78] ★

歌唱課題集 3

[79]

[80]★

第4章　第1節　臨時変化音を用いた課題（長調）

[81]★

第4章 第2節 臨時変化音を用いた課題（短調）

あとがき

　著者二人はどちらも音楽学を専門としており、その視点から従来の音楽教育のあり方に疑問を持っていました。
　そのひとつは、ソルフェージュ、楽典、音楽史などの科目が分けられすぎていると感じていたことです。もうひとつは、十二平均律、音名唱法（具体的には「固定ド」唱法）などの無批判な使用、また、一部にみられる絶対音感信奉に対してです。他方で、階名（いわゆる「移動ド」）の存在すら知らない学習者が増えていることに危機感を覚えていました。これらの現状を克服し、初学者が音楽学習の導入としてほんとうに大事な部分を勉強できる教本を作りたいと意気投合し、本書が書かれることとなりました。

　結果として、本書には従来の音楽教本にはない特色が多く生まれました。ひとつは楽器の使用禁止です。吹奏楽部などに所属している（いた）人の中には、練習中にチューナーやメトロノームに頼って注意された経験がある人もいるかもしれません。その大きな理由は、道具に頼ると自分の耳と感覚で音楽をする力が育たないということです（もちろん、そもそも音楽はチューナーやメトロノームなどの絶対的な尺度では測れない部分が多いことも理由です）。そして、楽器も歌唱の音取りを目的とするのであれば、チューナーなどと同じく道具の一種にすぎなくなります。これらのことを踏まえ、本書は、学習者が楽器という道具に頼らずに、自分の耳と感覚を自立して使えるようになるための第一歩となっています。

　また、学習者が五線譜に最初からふれるのではなく、じょじょに慣れることができる構成になっている点も特色です。よく指摘されるように、五線譜という媒体は初学者にとっては複雑すぎ、特に相対的音高関係の表記には本来適していませ

ん。したがって、最初から五線譜で勉強するよりも先に、ドレミを直接書いたような簡単な楽譜を使ってもよいので、まずは音程感覚そのものを鍛えてこそ、五線譜の勉強にも無理なく入れるといえます。これは、語学の学習において漢字よりも先に平仮名を勉強するほうが合理的であることに例えられるかもしれません。

　また、著者二人が基礎として大変重要だと考えている階名唱法（いわゆる「移動ド」唱法）を土台としている点です。いうまでもなく、音楽の本質は絶対音高ではなく相対的音高関係にあります。本書は、そのような音楽のもっとも大事な部分である相対的音高関係を、階名唱法をつうじて重点的に訓練できる教材となっています。日本で（不思議なことに）階名唱法に特化したソルフェージュ教材が皆無に近いなか、本書は多くの学習者にとって待望の教材であるといえるでしょう。

　そしてなによりも、従来の楽典、ソルフェージュ、音楽史などの科目の垣根を超え、全科目につうじる根本的な音楽的能力を身につけられる点です。これらの科目は本来、楽譜が読めるようになるという共通の目標がある点で互いに切り離せません。記譜法について深く理解するところまで含めるのであれば、音楽史もまた例外ではないといえます。しかしながら、現在の日本では音大入試の科目分けの影響から、これらを別科目として学ぶ傾向が強くなっています。特に楽典は、現在に至るにつれて「音大入試で点を取るための科目」の性格が強くなってしまっていて、極端な場合、ひとまず視覚上の情報からだけでも解けるような「解法」が解説されていることすらあります。しかし、そもそも楽譜は音楽を記号化したものなので、その表している音楽を読み取れないまま記号だけを切り離して学習しても意味がありません。音と記号がどちらも必要であるという楽典の本来の姿を、本書で取り戻せたのではないかと思います。

　内容に関しては、著者が二人とも音楽学を専門にしているということもあり、平易な語り口を心がけつつも最低限の専門性を保つように心がけました。

なお、本書をきっかけに階名唱法のさらなる訓練をしてみたいという読者のために、大島が書いた以下の教本をお薦めします。

　大島俊樹『階名唱（いわゆる「移動ド唱」）77のウォームアップ集——毎回のレッスンのはじめに』（自費出版）、2017年

　これは、毎回の音楽学習の最初に、ウォームアップ用に数曲抜き出して歌えるドリル（歌唱課題）を集めた曲集です。本書が音程の訓練を中心にしている一方で、こちらの教本は本書第1部16節にて解説されている「音の性格」の理論を踏まえて作成されています。また、本書が音楽学習上の項目ひとつひとつをていねいに学習するスタイルを取っている一方で、こちらの教本は、学習者がまずは階名唱そのものに慣れ、なおかつ、なるべく最短距離での階名唱の上達が見込まれるように配慮した、ある意味「効率主義」的な性格も持っています。ただし、課題の1曲1曲は音楽的に自然で、いつでも口ずさみやすい旋律となっています。両教本を併用することにより、さらに階名感覚に磨きをかけることができるでしょう。購入を希望される読者は、下記のメールアドレスよりお申込みください。
　fixeda.moveddo.to@gmail.com（大島）

　本書の作成にあたり、多くの方にお世話になりました。特に、イラストの下書きを描いてくださった東京藝術大学楽理科修了生の松本彩友美さん、その下書きをイラストにおこし、全体のブックデザインを担当してくださった河合千明さん、そしてアルテスパブリッシングの木村元さんと、鳥谷健一さんに心より感謝申し上げます。

2018年3月
著者記す

鳴海史生（なるみ・ふみお）
国立音楽大学大学院修了（音楽学専攻）。音楽学を礒山雅、東川清一両氏に、バロック奏法を有田正広、有田千代子両氏に師事。ドイツ・ライプツィヒ大学に留学。著書（共著）に『バッハ事典』『音楽史 17の視座』『バッハ問』、訳書に『マリア・カラス』、論文に「バッハ／リーマン調律の実践的再考」など。近年は演奏活動にも力を注ぎ、レクチャー・コンサート・シリーズ「ピアノ音楽の源流をたずねて」などを開催。現在、尚美学園大学芸術情報学部教授。

大島俊樹（おおしま・としき）
東京藝術大学大学院修士課程（音楽学研究分野）修了、同博士課程退学（満期）。音楽学を片山千佳子氏に師事。研究分野は音楽理論、ソルフェージュ・楽典教育など。東京藝術大学音楽研究センター教育研究助手などをへて、現在、「音名と階名を必ず区別する音楽教育家、理論家、実践家」として、芸大・音大受験予備校東京ミューズ・アカデミー非常勤講師ほかフリーの音楽講師としても活動。著書に『階名唱 77のウォームアップ集』など。

正しいドレミの歌い方
楽器がなくても楽譜は読める！

2018年3月30日　初版第1刷発行

著者	鳴海史生＋大島俊樹 ⓒ2018 by Fumio NARUMI, Toshiki OSHIMA
発行者	鈴木 茂・木村 元
発行所	株式会社アルテスパブリッシング 〒155-0032 東京都世田谷区代沢5-16-23-303 電話　03-6805-2886 FAX　03-3411-7527 info@artespublishing.com
印刷・製本	太陽印刷工業株式会社
楽譜浄書	株式会社スタイルノート
ブックデザイン・イラスト	河合千明
編集協力	編集室T/ut

ISBN978-4-86559-183-5　C1073
Printed in Japan

artespublishing.com